EXETER HISPANIC TEXTS

General Editors

Keith Whinnom (General and Medieval)

J. M. Alberich (Modern and Hispanoamerican)

W. F. Hunter (Golden Age)

XXXIX

EL RREY GUILLELME

EL RREY GUILLELME

Edited by
John R. Maier
Bethany College, W. Virginia

UNIVERSITY OF EXETER

1984

ISSN 0305 8700

ISBN 0 85989 245 X

Printed by

Short Run Press Ltd, Exeter

December 1984

PREFACE

The legend of King William of England was a well-known and very popular story in the Middle Ages. It boasts of two Spanish versions among
its many medieval reincarnations, one a sixteenth-century rendition and
the other an earlier version, most likely dating from the fourteenth
century. It is this latter version which is presented here. The last
edition of the romance was by the German philologist Hermann Knust in
Dos obras didácticas y dos leyendas (Madrid, 1878). The present edition
is an attempt to impose stricter, more modern editorial criteria on the
text, and to evaluate the significant literary worth of the legend.

I should like to register my thanks to Professor Keith Whinnom who
made many invaluable comments on all facets of this project. I wish to
thank Professor Ronald Surtz who read an earlier draft of this work
and offered many helpful suggestions. Finally, I would like to express
my appreciation and regard for my colleague Professor Thomas D.
Spaccarelli with whom I have collaborated on other facets of MS h-I-13.

Introduction

I. The <u>Estoria</u> and its Sources

The <u>Estoria del Rey Guillelme de Ynglaterra</u> (henceforth <u>Estoria</u>)
is one of the nine romances and hagiographic tales which constitute
MS h-I-13 housed in the library of San Lorenzo de El Escorial. The
<u>Estoria</u> is one of the two versions of the William of England romance
which circulated in the Peninsula during the Middle Ages and early
Renaissance, the other being the sixteenth-century <u>Chrónica del Rey
Guillelme de Inglaterra</u>. Both texts were edited by the German philologist Hermann Knust in the late nineteenth century,[1] but await
modern editions and critical appraisal of their literary merits. The
present edition and study is an attempt to fill, at least partially,
this void.

The date of composition and sources of the text and codex are unclear. A general assumption is that the Escurialense codex dates

from the fourteenth century, but no definitive date can be affixed.

The *Estoria* is most probably a translation of a French original. Two

versions of the legend circulated in medieval France, one a twelfth-

century verse romance attributed to Chrétien de Troyes entitled

Guillaume d'Engleterre[2] (henceforth *Guillaume*), the other an anony-

mous fourteenth-century version entitled the *Dit* *de* *Guillaume*

d'Angleterre[3] (henceforth *Dit*). Howard Robertson has demonstrated

that *Guillaume* and the *Dit* represent two different traditions of the

William story concluding that the *Estoria* is much closer to *Guillaume*

than to the *Dit* (a decision which seems to be supported by Knust's

comparison of verbal similarities between the *Estoria* and Chrétien's

tale),[4] and that the sixteenth-century *Chrónica* bears a greater af-

finity to the details of the *Dit*. However, Knust feels that the

similarities between *Estoria* and *Guillaume* are not substantial enough

to declare unequivocally that *Estoria* is a prose version of the poem

attributed to Chrétien. He then offers the possibility that *Estoria*

may be a translation or reworking of the model attested to by the

French poet in his text:

> La matiere si me conta
> Uns miens compains, Rogers li Cointes,
> Qui de maint prodome est acointes.
> (vv. 3308-10)

Since Rogers' *estoire* has not been discovered and Chrétien's debt to

his predecesor cannot be established, it is hypothetical to suggest

that *Estoria* is a rendering of this unknown original version. With-

out further discoveries, more exact determination of the provenience of the _Estoria_ is impossible.

However, a comparison of _Estoria_ and _Guillaume_ shows that, despite the hesitancy of previous scholars, the two works have a great deal in common, so much so that it can be justifiably asserted that _Estoria_ is a prose version of the French poem. Differences do exist, mainly stylistic, but they in no way affect the basic story being told since these changes are most probably due to the prosification of a poetic original.

A comparative list of the narrative functions (which for lack of space is not included here) shows that the story line of _Estoria_ follows _Guillaume_ almost exactly. The only element that differs significantly between the two is that the money pouch, stolen by an eagle from the protagonist twenty-four years earlier, is returned to him in _Estoria_ as the result of two eagles fighting over it (p. 51),[6] whereas in the French poem the pouch drops magically from the sky. This event also occurs at different points in the two versions of the story. What are the implications of these differences? According to Knust, the reason that the money pouch simply dropped from the sky in the French poem is that it added a greater touch of verisimilitude.[7] One might question Knust's characterization of the miraculous return of the money as "verosímil": its verisimilitude is, at best, a relative condition in comparison with the Spanish. The function of this event in both versions is to signal the end of suffering and separation, or, following Franca Danelon, a symbolic return to a condition of worldly prosperity.   In the French, this event follows immediately

after the reunion of Guillaume with his sons and is interpreted by one

of the boys as a sign of the validity of what Guillaume had told them:

> Sire merci.
> Bien nos a Diex demoustre chi
> Par sa merchi, par sa bonte
> Que vos nos aves voir conte.
> (vv. 2813-16)

The story line itself validates the inclusion of this event at this

point in the narrative since, after all the stories are told by father

and sons, the _ostes_ proclaims that the great joy they show is similar

to that of their finding a money pouch:

> Si font tot troi tel joie ensemble
> Que los ostes dit qu'il resamble
> Que il aient bourse trovee.
> (vv. 2873-75)

What follows is the reunion of the sons with their mother, the

withdrawl by the King of Catanasse of his marriage-or-war ultimatum

to Gratienne, and the distribution of rewards to all who had helped

during the family's separation.

The _Estoria_ version has the _huésped_ proclaim "Bolsa avedes fallada"

(p. 43) after the father and his sons recognize each other and are

joyously reunited, but without the motivation of the returned purse

to create a context. There is a mysterious, symbolic sense about this

remark, at this point in the narrative, and without any wider context.

The fact that the Spanish is in direct, as opposed to the French

indirect, discourse implies that the translator meant to make this

event stand out. His final product implies that he saw the reunion as

a symbolic moment of a return to grace. When the foreshadowed recovery does occur at the end of the Spanish version, we have a greater
sense of symbolic climax to the story than in the French poem. Also,
a sense of proportion and balance in the narrative results from the
repositioning of this event, in that the recovery of the bolsa occurs
at the very place where it was lost originally, a change which also
enhances the symbolic force of this event.

Aside from the obvious change in the ending of the work just described, other more subtle changes were effected in the translation.
After all the principals are gathered together, they journey by ship
to the place where Graciana had given birth to their sons. After we
are told that the journey was on calm seas, there is an interjection
by the omniscient narrator: "Ay Dios, tanto bien fazes a quien
quieres e cómo [^es] desanparado el que Tú desanparas. Quanto enojo
estos sofrieron, agora an mucha alegría e mucho plazer" (pp. 49).
In the French, a similar statement is found, although here issuing
from the mouth of the King:

> Diex! molt vient tost et joie et dues
> La u tu le consens et veus.
> He! Diex, onques puis ci ne fui
> Que moult i eur doel et annui:
> Or i ai jou joie et leece.
> (vv. 3243-47)

The Spanish text shows an abstraction of the moral lesson to be gained
from the ebb and flow of the lives of the characters, while such les-
sons are more personalized in the French. However, the Spanish does
follow shortly with a very similar statement by the King himself:

"Quán maravillosos eran los fechos de Dios e cómo sabía castigar ás-
peramente a los que amava e cómo avía mercet dellos" (p. 50). We
might speculate that there must have been some confusion or distrac-
tion which caused this semi-repetition. The text following the narrator's comment up to the duplicate words spoken by Guillelme in Estoria
corresponds with that in Guillaume (vv. 3248-79). The rest of this
section, beginning with the King's repetition of the spirit of the
narrator's interjection by means of the recovery of the bolsa, is an
addition or revision by the Spanish translator. We can see that he
was a skilful worker, however, in that he concludes this section by
putting words in Guillelme's mouth which are similar to those of the
narrator and to those of the King at the beginning of the interpolated
material: "Ora ved quán maña es la piadat de Dios que solamente non
quiso que yo esta bolsa perdiese" (p. 51). Following this, the story
returns to the French source with yet another repetition, but one
which is perfectly justified given the new configuration. Prior to
the eagle scene, Guillelme had stated that he would remain at the rock
until his nephew came. The same is found in Guillaume, but this event
occurs after all family members are reunited:

Entonçe posaron allý, e las nuevas	Les le roce orent tost propris,
ende fueron por toda la tierra.	Et lues par trestout le pais
(p. 50)	Fu d'aus le novele espandue.
	(vv. 3277-79)

After we are told that the bolsa has been retrieved, the Spanish text
offers the same wording as we see above, but here to spread the news
of this marvelous event ("E las nuevas ende fueron por toda la

tierra," p. 50), whereupon the Estoria narrative picks up the
French source again and the rewards are distributed to all. This
repetition indicates not only a continuation of the French, but also
an artistic juxtaposition of two events which form the climactic movement of the tale. Rather than sloppy oversight, the repetition of
these pieces of narrative prose and the repeated focus on the moral
to be gained from seeing (or hearing of) these events, demonstrates
the conscious artistry of the translator, and also shows that he was
building on, and even bettering, his source.

Other differences between the two texts are most probably the result of the translation of a poetic text into prose. For example,
the color of the pouch (red) is mentioned in the French (vv. 879-80),
thus providing some motivation for its theft by the eagle who must
have thought it to be meat, whereas the color is not mentioned in
Estoria. The verisimilitude of the action in the Spanish may have
been lessened by this omission, but the magical quality of the action
is enhanced, heightening the reader's sense that God's hand is at
work in all of its obscurity. References to French provincial towns
are eliminated (see vv. 1966-67 and v. 2016, and p. 17 of Estoria),
and a comparison of Gloelais with Roland is dropped ("Onques muidres
ne fu Rollans," v. 1055), although with regard to this latter example,
the sense of Gloelais' greatness is maintained in the Spanish ("Este
non era duque nin conde, ante era buen cavallero e de grant nonbrada
e era viejo mucho," p. 18). It appears that the Spanish translator
considered the small French towns as places which would hold no

meaning for his audience and which meant nothing to the smooth telling
of the story. This is even more likely in light of the fact that the
major locales of the story are all translated, even though most—
places in England, Scotland, and Wales [9] —would probably have been just
as obscure. There are some real differences with regard to the number
of years over the course of which different events occur. In the
French (vv. 1210ff), Gratienne says that she took a vow of chastity for
three years, whereas in the Spanish (p.20) it is twelve; in the French
(v. 3224), the kingdom is returned to Guillaume after eight days by his
nephew, while the Spanish (p. 49) has it taking twenty days.

Stylistically, the language of the Spanish version appears more
concise and to the point in comparison with the French original. Poetic touches in the French are usually rendered in a more prosaic and
direct manner in the Spanish. For example, the King's nephew, upon
seeing him, says that the appearance of the man standing before him is
very much like that of his uncle:

Et vos resanlés un mien oncle Comme rubins fait escarboncle Et comme fleurs de rosier rose, Qu'est tote une meisme cose. (vv. 2183-86)	E semejádesme mi tío más que nunca otra cosa semejó otra. (p. 32)

The Spanish captures the essence of the comparison but deletes the
poetic amplificatio. We see this even more concretely when the royal
couple have an emotional tête à tête just before the king goes off
after the stag:

La dame le roi araisone
Se li conte son errement,
Et il li le sien ensement;
Et ambedui par amistié
Pleurent de joie et de pitié.
N'est nus hom, se il les oïst,
Quant li uns a l'autre gehist
Comment il avoient erré,
Ja tant n'eüst le cuer iré
C'a oïr moult ne li pleüst,
Et joie et pitié en eüst.
La roïne, tot tire a tire,
Li commenca primes a dire
Comment Gleolaïs le prist
Et le covent que il li fist,
Comment il fu dedens l'an mors,
Et comment li terre et li pors
Li font remés sans contredit.
                    (vv. 2636-53)

E la dueña ovo su rrazón con
el rrey e contóle toda su fazienda e él a ella la suya, e anbos
por el grant amor que se avían
lloravan de plazer e de piadat.
                    (p. 40)

The Spanish conveys, in a very direct way, the sentiment of the
meeting, but there is a greater focus and emphasis on the movement of
the narration, on advancing the narrative, than of dwelling on the
emotion.

However, it would be unfair to say that the translator had no
poetic sensibility. For example, the highly dramatic reunion of
Graciana and her sons (who had persecuted her while in the employ of
the King of Catanassa, none of them being aware of their blood relationship) is translated into Spanish using the same anaphoric structure as in French and exactly the same examples:

Cist m'ont tos mes homes tués,
Cist m'ont et moret et confondue;
Cist m'ont si pres rese et tondue,
Que, hors des murs et du plaissié,
Ne m'ont vaillant sis sols laissié;
Cist furent li premier message
Qui cuidierent le marriage
De moi faire et de lor signor;

Estos me an muerta e confondida, estos me an tanto mal
fecho que fuera del muro o
de cárcava non me dexaron
valía de cinco soldos, estos fueron los primeros que
me demandaron de casamiento
de su señor, estos fueron

Cist furent li desconfitour,   desafiadores, estos me ma-
Sont mes homes pris et raains.   taron los omes, estos fe-
Jou, k'en diroie a daarains?   zieron la guerra toda, estos
Cist ont faite toute la guerre,   rrobaron e quemaron e astra-
Cist sont li plus mal de la terre, garon la tierra, estos fe-
Cist m'ont tant fait ire et coros   zieron aver tanta saña e tan-
Que je sai bien que deseur tous   to pesar que yo sé bien que
Sont cist mi mortel anemi.   estos son los mas mortales
          (vv. 3042-57)   enemigos que yo he.
                                     (p. 46)

Thus, it appears that the translator was a thoughtful, sensitive reader of the text he was putting into Spanish, shortening those sections that would have detracted from the smooth flow of the narrative, but maintaining typically poetic or rhetorical strategies, such as the above-cited anaphora, when they enhanced the emotional impact of the scene.

II. Relationship of Estoria to Plácidas

Estoria is one of a group of occidental tales which are part of a
larger grouping of stories, both western and eastern, comprising the
type designated as "The Man Tried by Fate." It would certainly be
redundant to review the exhaustive groundwork already laid by Alex-
ander H. Krappe, Angelo Monteverdi, and Gordon H. Gerould, since
their analyses of texts related to the type are most thorough.[10] It
is obvious from their investigations that the motif originated in
India and moved westward. The most profoundly influential occidental form of the motif is the legend of St. Eustace, also known as
Placidus. The western archetypal form of the story is a Latin version contained in the Acta Sanctorum.[11] The Old English writer
Ælfric composed the first version in a western vernacular language
about the year 996. This western version of the tale represents a
hagiographical version of the basic tale type. Ælfric's work, as
Gerould has shown,[12] as well as the Spanish Plácidas, is closely
modeled on the hagiographic western archetype.[13]

Estoria coincides with the archetypal Eustace legend in some general ways. The following is an outline of the points of correspon-
dence between the two:

1. The protagonist must set out with his wife and children
   to seek his fortune elsewhere.

2. The protagonist is separated from his wife and children.

3. All family members pass through independent series of adventures.

4. The children are found and brought up by strangers.

5. The family is reunited by accidental means and returns to its former glory in society.

This schema details the elements of the central section of the western Eustace archetype as described by Thomas Heffernan,[14] namely the sufferings or wanderings. It is also a general schema of the narrative moves of the version of Eustace which is _Estoria_.

As Heffernan has shown, however, the complete Eustace legend consists of two additional sections, specifically the conversion of the protagonist to Christianity which precedes the sufferings, and the martyrdom which follows.[15] _Estoria_, then, represents easily the most interesting aspect of a tripartite narrative structure, focusing as it does on the separation, wanderings, and reunion of the family members. Thus, even though _Estoria_ can be shown to have its origin in a hagiographic legend, its structure of and by itself is of sufficient cohesion and emotional intensity to stand alone as a secular narrative in its own right.

This does not mean, however, that the hagiographic context is lost completely. As Franca Danelon instructs us in some provocative commentaries about _Guillaume_, the secularized tale should be seen as a richly textured symbolic narrative which must be read against the collective religious tradition of the Middle Ages.[16] From this perspective, reading requires an active awareness of the author's intention to symbolize, and tacit agreement on the relationship of signifier to signified. One wonders, however, whether Danelon's symbolic reading of Guillaume really requires a hagiographic context in order to consolidate its validity, or whether such a reading of the text is possible regardless of any tale tradition. Certainly, the latter contention is true if we accept the expansive symbolizing tendency of the Middle Ages. Given the tendency to see all things in this world as deriving from God, the matrix of symbols representing the links between elements of this world and the divine "unfolds . . . like a cathedral of ideas," according to Huizinga.[17] However, the relationship of Estoria to its hagiographic source, here in the form of the Old Spanish Plácidas allows a symbolic reading because (1) it provides a comparative context for judging how the Estoria author reworked specific narrative elements which derive from the tale tradition (such as the stag), and (2) it clarifies the emphasis given narrative functions, such as the departure from home or the female protagonists' salvation from their captors. In this specific context, the modern reader is privy to an implicit commentary on how his medieval counterpart "read" his text. By juxtaposing Plácidas and Estoria in the codex, the compiler becomes a witness to the symbolic reading strategy which is assumed of the medieval reading public. Clearly, then, Estoria more easily takes on a symbolic dimension in conjunction with a "source," namely Plácidas, than when

standing alone. Plácidas is, in a certain sense, a gloss which clarifies the symbolic nature of the Estoria.

This relationship between the two texts needs further refinement,
however, because the two can be compared only on the basis of the conversion and sufferings section since Estoria eliminates the hagiographic frame of Plácidas. Vladimir Propp's Morphology of the
Folktale [18] is a useful model that will be adopted here to study com-
paratively the narrative functions of the two tales. Results of such
a study will show how the tales relate to each other structurally, the
way in which they intersect with regard to the tale tradition of which
they are a part, and how they have different meanings while partaking
of a similar structure.

Propp presents a series of functions for the dramatis personae of a
tale the combination of which forms the basis for the progression of a
story. A function, according to Propp, is "an act of a character, defined from the point of view of its significance for the course of action" [19]. Propp's reason for defining these functions and their sequence in the fairy tale (which was the basis of his analysis) is the
result of his desire to find a more precise and quantitatively defin-
able model on which literary analysis could be based. The broader implications of Propp's study, especially as it might help define more
clearly the constancy of motifs and structures in specific genres
(such as romances and saints' lives) need not be of concern here.
What is of interest is the way in which an identical sequence of func-

tions can have different meanings. As Propp says, "Tales with identical functions can be considered as belonging to one type."[20] This is surely the case with P lácidas and Estoria, as we have noted. However, the two tales mean something quite different when compared with each other which of necessity implies that identical functions can have different meanings. We will, then, analyze how the sequence of functions in the two tales, while fairly identical, creates a very dissimilar meaning in each case. Such a procedure will enable us to identify the relationship of Estoria to the tale tradition from which it comes, while allowing for certain tentative conclusions about how different genres, in this case hagiography and romance, relate to each other.

The following are the functions analyzed below. The function to which each corresponds in Propp's schema is cited by number in parentheses immediately following it:

A. Initial Situation (no formal designation as function) (21)

B. Departure from Home (11)

C. Villainy (8)

D. Helper (12)

E. Transference of Hero to Whereabouts of Object of Search (15) or, Unrecognized Hero Arrives in Another Country (23)

F. Recognition (27)

G. Resolution of the Task (26)

H. Transfiguration (29)

A. The Initial Situation

Plácidas begins with a rather full description of Placidus' goodness and charity towards others as well as his excellence as a soldier
and his knowledge of hunting. The biblical model of Cornelius the good
heathen (Acts 10:1), cited by Heffernan as one of the four or five biblical allusions found in the Latin life which help to create the hagiographic frame of reference for Placidus' life, is also used in _Plácidas_
(p. 4). The reference to Cornelius not only maintains the continuity
of the legend's textual tradition, but also helps to create a referen-
tial context in which the reader can assess the moral import of the
story he is reading. The same is true for St. Paul who is, according
to the tale, an even more obvious model of comparison than Cornelius
(p. 6). Placidus is such a good man that God decided to show him His
grace and bring about his salvation, as the narrator tells us:

> Mas Nuestro Señor, el poderoso e de buen talante,
> que sabe e ve quáles ha de llamar e de tirar a sý,
> non tovo en desdén las buenas obras de aquel alto
> omne. Pero era cobierto de nuve de yerro e de des-
> crençia non quiso dexar sus buenos fechos syn
> gualardón; ca asý commo dize la Santa Escriptua,
> todas las maneras de las gentes que Dios temen e
> aman e que entienden derecho e rrazón plazen a
> Nuestro Señor. Por esto ovo el piadat d'aquel al-
> to omne e quísolo salvar; en qual guisa vos agora
> diremos.
>
> (pp. 4-5)

With this scope, then, the reader is ready for Placidus' actual conversion in which he meets the talking stag through which Christ conveys His message of salvation. It should be noted that the primary

function of the "initial situation" in this case is to create the
circumstances whereby the reader can view the tale to follow as the
life of a saint. There is an implicit consciousness of genre in
such a configuration.

The "initial situation" in _Estoria_ is much more succinct. The
text does not need to prepare the background of the protagonist in
such elaborate detail because he is already a Christian. Thus, the
anaphoric recounting of the king's Christian and secular virtues in
the brief opening section, and the indication that he was a faithful
practitioner of his faith ("E fizo una promesa que jamás non perdería
maytines nin misa . . .," p. 1), are enough to prepare the reader for
Guillelme's encounter with the divine that follows.

The basic intention of these two beginnings is to introduce the
background and character of the protagonist, but they diverge with
respect to their function in the context of what follows. In _Pláci-_
das, the "initial situation" is a means by which the reader is pre-
pared for Placidus' encounter with the stag/Christ and for his acceptance of Christ's call to convert. Without prior knowledge of the
protagonist's essential, as opposed to formal, condition as Christian,
the narrative would have had to develop that concept in Placidus' encounter with the stag, or in his discussions with his wife, or by
narratorial intervention. Similarly, Placidus' paganism (albeit
structured in a Christian way) necessitates a formal explanation _to_
him of the need for temptations and for a series of humbling experiences which will soon come about. Placidus, as a pagan, is not

aware of the Christian scheme which demands personal sacrifice by all true believers who hope to gain paradise.

The "initial situation" in _Estoria_ creates the moral or exemplary frame of reference for the odyssey on which Guillelme and his family will be obliged to embark. No specific detailing of the reasons for his exile are needed because, in the Christian context, the absolute adherence to divine will and the need for the purgative experience are accepted as part of the unstated but understood Christian experience. The function of this section, then, is not to prepare for conversion and what it means to be a Christian, but rather to provide a general context which clarifies the meaning of the forced departure from home.

B. Departure from Home (11)

This function follows upon and is also conceptually framed by the divine presence and the initial condition of the hero. In _Plácidas_, as we indicated above, the hero's encounter with Christ prepares him for (and reinforces for the reader) the need for the coming privation. In Christ's explanation to Placidus, the knight is told that he will undergo, like Job, much suffering and temptation (p. 12), and, like Job, all his animals die immediately thereafter. This use of the biblical model (Heffernan cites this as another element of the Eustace legend typically found in the Latin lives) and its familiarity to medieval audiences, especially given the basic medieval interpretation of the

Job story as "patience rewarded,"[22] serves to clarify the narrative

trajectory of Pláçidas. In fact, the ebb and flow of the hero's life

and its exemplary nature are specified to him by Christ in just those

terms:

> Ca asý ha de ser que tú serás tentado commo fue tentado Job.
> E tú vencerás el diablo por verdadera paciencia. Ora te
> guarda bien que non pienses maldades nin seas engañado en
> cuydado nin en fecho; ca desque fueres bien quebrado e bien
> omillado, yo tornaré a ty e fazer-te-he cobrar toda tu
> primera onrra e tu primero plazer e despues darte la
> alegría del paraíso.   (pp. 12-13)

Such a beginning predetermines a specific end for the story, and also

necessitates a certain logic whereby the middle elements will lead to

that end. The beginning and middle sections of the story do not de-

termine the hagiographic nature of this tale, but rather allow for

and prepare for the martyrdom of Eustace and his family at the tale's

end. It is this element most specifically which causes a generic

reconstitution of the tale, especially as we consider the similarity

in function between it and Estoria.

In Estoria, the hero's departure is prompted by the divine voice,

but only as a command that he depart ("Rey, liévate e vete esterrar,

que te lo mandan dezir," p. 4). The privation and loss predicted by

Christ to Placidus is, in Estoria, reduced to an admonition from

Guillelme's confessor that he give up all of his worldly goods should

this voice appear to him three times (which it does), because it is

some form of divine command. The confessor goes on to encourage

Guillelme by saying that some benefit will come from giving up one's

worldly goods: "Non finque convusco fuera lo que vestides, e Dios a la çima vos lo dará ciento doblado" (p. 5). However, the suggestion of some future restitution in whatever form (very vague here as compared with Plácidas) pales against the onslaught of ill fortune as we are told of the ransacking of Guillelme's house, the loss of his children, and the abduction of his wife. This misfortune, uncompensated as it is by anything but the vaguest projection of some future good, allows for the anguished cry of Guillelme upon losing his wife, "Agora veo que Dios me es sañudo porque pensé grant flaqueza de corasçón que dexé la onrra e el señorío de mi reyno" (p.15). This exceedingly emotional moment underscores the theme of God's anger which was conveyed earlier when the voice came to Guillelme and Graciana for the third time, saying "Rey, bayte, yo te so mandadero de la parte de Dios, que te vayas en esterramiento e porque tanto tardas, es te Dios ya sañudo" (pp. 5-6).

C. Villainy (8)

This function provides the motivation for the separation of family members and the beginning of their individual journeys. Included in this function are those acts perpetrated by human agents (the deceitful mariners and merchants who steal the protagonist's wives), as well as "natural" agents (the lion and wolf, and the lone wolf who are child stealers in Plácidas and Estoria respectively).

Propp sees villainy as the esential function because the complications and moves of the rest of the tale are engendered by it.

His contention is surely correct because the structural importance of

the villainy function is that it necessitates a response by a hero,

that is further actions which will correct that villainy and return

goodness and right to their place of prominence in the dualistic world

view of the tale. However, what Propp's configuration omits, or, by

its mechanistic nature, cannot account for is the use of a function

within a larger ideological framework. It is really the intersection

of the two that creates the total meaning of a tale.

In the Eustace legend, as was mentioned above, the villainy re-

sults in the lengthy personal journeys of the main characters. How-

ever, the implications of this act differ in the contexts of Pláçidas

and Estoria. In the former, Teóspita is abducted by some evil mari-

ners, the leader of whom wants to have sexual relations with her.

However, God intervenes and prevents such a thing from happening, as

we are told by the narrator:

> Mas el Nuestro Señor guardóla, asÿ que non
> pudo el marinero cosa fazer de quanto deseava. Asÿ
> rrogara ella a Nuestro Señor que la guardase de
> desonrra e de ocasión; e quísola Dios ende guardar.
> E dirévos cómo aquella noche mandó el marinero
> fazer su lecho bueno, e fezo ÿ echar la dueña. E
> quando se él quiso echar, tomóle un mal tan fuerte
> que lo mató luego. E quando esto vieron los omnes
> del maestre de la nave, ovieron muy grant miedo;
> ca entendieron que esto fuera por virtud de Nuestro
> Señor e non se osaron acostar a ella por le fazer
> pesar.
>
> (pp. 19-20)

The narrator keeps the reader's mind focused on the fact that God's hand is at work in every facet of the lives of these people, and that it is He who oversees the circumstances of their individual experiences.

In _Estoria_, on the other hand, there is no such divine intervention in Graciana's abduction. She is taken prisoner by a group of lascivious merchants who are unable to agree among themselves which one should have her. The natural progress of the plot allows for the solution whereby they present their predicament to the señor of the land who decides in his own favor. Graciana handles this new villainy in a very skilful way because she is able to promise marriage to this man but without any commitment to sexual union. Thus, the plot itself is allowed to formulate a solution to this problem without the need for any outside force. In this sense, the non-intervention of any divine aid allows the reader to focus on the characters and their own resourcefulness, and on the story for its own sake.

The theft of the children by the animals is dealt with in the same manner in each version of the legend and offers no insight into the secularization or hagiographization process.

The sum total of the way in which we are to view the villainy can be found in the laments of the two male protagonists. Eustacio laments the coming of bad fortune and the loss of the prestige and power which his former position provided him. He addresses God directly, bemoaning his condition as much worse than Job's because, unlike his biblical predecessor, he has neither roof over his head nor friends to console him. He then asks that God close his mouth and his heart so that ill-will might not lead him to think or say something that might displease the Creator. The Job analogy continues here, reinforcing by its conscious recollection the hagiographic framework for the rest of the tale (i.e., "patience rewarded"). In Estoria, however, Guillelme's lament is one of self-abasement for having succumbed to covetousness (here he details the sufferings of Tantalus). He berates his lack of charity and from this example draws the lesson that he needs to act more generously by sharing his wealth with others. If the rest of Estoria has a moralistic or exemplary framework, it would be precisely this: one is only as wealthy as one is willing to share that wealth with others. The hagiographic intent seen in Plácidas is rather distant here.

D. Helper (12)

As Propp indicates, the helper (or "provider") is an agent usually met with accidentally who provides the hero with some means whereby the misfortune can be reversed.[24]   Whereas in the the tales analyzed by Propp this helper usually provides some magical implement which the hero can use, there is no such implement which assists the hero in either Plácidas or Estoria. The "magic" is, in a certain sense, what is indicated in the text as divine assistance, or what can be assumed to be the intervening hand of the divine even if not stated as such.

In _Plácidas_, Teóspita's near rape is frustrated by the intervention of divine vengeance as the sailor is struck dead. The narrator keeps our focus on the divine helper as he recounts Teóspita's new life when she accidentally encounters some good people who make her the mistress of a garden which thrives under her care: "E ella fezo ỹ su choça en que bivía. E asỹ quiso Dios que desde allỹ adelante, fue aquella huerta tan mucho para bien que en toda aquella tierra non avía tan buena nin que tanto preçiasen" (p. 21). In _Estoria_, we saw that Graciana's initial salvation was the result of indecision on the part of the villains. However, when Gloelais, the rich _señor_, seeks a liaison, she is her own helper in that her quick-witted responses to his propositions of marriage earn her both an honorable social position (wife of a powerful local noble), and freedom from sexual obligations, whereby she maintains her fidelity to Guillelme. As a result, the reader has a much stronger sense of Graciana as a whole or more rounded character than Teóspita.

The helpers related to the sons and to Eustacio and Guillelme are mere human agents who provide practical assistance in obtaining shelter and positions of economic solvency. In _Plácidas_, the hero is "helped" by luck in that he happens on a village and finds work as the custodian of foodstufs for the village, a job at which he works for the next fifteen years. Guillelme, like his wife, is helped by his own ingenuity, and talks he way into a situation as majordomo in the house of a wealthy merchant. Here again, chance has much to do

in the successful outcome of this adventure, since Guillelme just
happens upon these merchants after having lost everything. The
text of Estoria, more so than that of Plácidas, focuses on Guillelme's
helplessness and underscores in an implicit way the fact that chance
brings this resolution about:

> Tanto era sañudo e tan grant pesar avía que non sabía
> qué feziese nin fallava logar o le diese el corasçón
> de fincar. Su pesar lo traýa ora acá, ora allá, e
> quanto fazía, todo le pesava: ora se asentava, ora
> se erguía, ora entrava en el monte, ora se salía.
> En esto durava toda la noche e todo el día. Otrosý
> ca non fallava logar do podiese asosegar, ora quería
> estar, ora quería ser, ora quería yr, ora quería ven-
> ir. Non sabía en quál guisa se mantoviese, mas tanto
> andó por ventura suso e juso e acá e allá que falló
> en un prado una conpaña de mercaderos . . .
>
> (pp. 16)

Thus, the helper's existence allows for the linear expansion of the
text that follows in that it creates the conditions of separation
which will later necessitate the more byzantine structure of chance
reunion. The hagiographic context of Plácidas casts this function
much more in the guise of a divine plan, whereas the secularized
Estoria focuses more attention on chance (even if in some way a part
of a divine plan) and on the active role of the characters in
achieving a successful outcome.

E. Transference (15) and

F. Recognition (27)

It is at this point that the linear development of the two narra-

tives diverges, and we find an adjustment in the order of functions E
and F. Therefore, we will analyze them together here following our
comparative format.

In Plácidas, there is no space given over to the actual events of
the fifteen years which we are told is the duration of the separation
of family members. Rather, we are presented with a summary of those
events:

> Eustacio and sons: E fue allí guardador quinze años.
> E sus fijos fueron criados en el aldea--commo vos
> dixiemos--mas ninguno non sabía sy eran hermanos.
> (p. 9)

> Teóspita: Entonce la dueña, con duelo della, diole una
> ortalía cerca de la villa en que biviese. E ella fizo
> ý su choça en que bivía. E asý quiso Dios que desde
> allý adelante, fue aquella huerta tan mucho para bien
> que en toda aquella tierra non avía tan buena nin que
> tanto preciasen.
> (pp. 20-21)

The next event narrated details the coming of war and how the Roman
officials sent out agents to search for Eustacio because he was the
one soldier who could lead them to victory. Thus, the function F is
the next element in the narrative of Plácidas. As Propp indicates,
and as is so often true in romance, the hero is recognized by means
of some mark on his body or some object which he has in his possession
which links him with the searcher or his past. In this case, the soldiers who seek Eustacio recognize him by means of a scar on his chest,
the result of a battle wound. After he is returned to his state of
prominence in the Roman army, the next narrative move involves the
function E, whereby Eustacio is transferred to Teóspita's garden be-

cause the war is in that area. With regard to the transference, the
narrator again underscores the fact that divine providence has a hand
in the structuring of experience, as we are told: "E quiso Dios asý
que de aquella yda entró en la tierra do era su mugier" (p. 28).
This is followed in brief succession by the reunion first of Teóspita
with her sons (the result of storytelling), and then of Eustacio with
the rest of his family, again by means of some mark or sign, in this
case a mark on his face (p. 30). Here we find a return to function
E, recognition.

In Estoria, the period of separation (twenty-four years) is presented in greater detail as the narrative focuses on the successes of
all family members in their adventures, Guillelme as majordomo and
later merchant, Graciana who is widowed, rich, and wooed by yet another suitor (the King of Catanassa), and the sons who seek employ-
ment and are taken into the employ of their mother's suitor. We find
a situation very similar to the first recognition scene in Pláçidas
in that on a selling trip, Guillelme encounters a nephew who is act-
ing king of England, holding the crown for his uncle until the latter
returns. In the marketplace, Guillelme is seen by many people who
think he is Guillelme, the king, and they then proceed to tell his
nephew the news. The two meet, the nephew indicating to his uncle
that he wants to make him the majordomo of his affairs. Guillelme
refuses the post and continues as a merchant. It is unclear from the
text why Guillelme does not reveal his identity to his nephew because

everyone is ready to acknowledge him as king (p. 32). Thus, Estoria
provides an opportunity for the early recognition of Guillelme but
prolongs the story, seemingly because of the narrative suspense sus-
tained by bringing about the chance meetings which follow.

It is only after this aborted recognition scene that we find a return to a narrative structure which mirrors the process in Pláçidas.
Guillelme sets out in his ship for another trading venture, but the
ship is buffeted by storms for three days and nights, finally arriving
at Solasange, where Graciana lives. The narrator carefully details
for the reader the fear of all aboard ship as the storm turns the
sea into a living hell:

> . . . e llamaron "Dios" e "Santa María" e rrogaron a Sant
> Nicolás que rrogase a Dios que les amansase aquellos bra-
> vos vyentos que los asȳ guerreavan, que tan grant poder
> han en esta mar. Dixieron, "A ellos non faze mal su guerra,
> ante an ȳ sabor, mas confondennos, e por el su sabor seré-
> mosnos destroydos e asȳ catyvos nos conpraremos este sa-
> bor. Ay Dios, Señor, fazed folgar estos vientos que nos
> tienen en coyta de muerte e fazed que non moramos e po-
> ned nuestra nave en salvo e apagad la saña destos vientos,
> sy vos ploguier, ca asaz fezieron fasta agora su poder."
> Asȳ llamavan Dios e los santos, mas con todo esto duró-
> les la tormenta tres días tan grande e tan desmesurada
> que non sabían do eran, nin comieron nin bevieron. Al
> quarto día quando llegó la mañana e fue el día esclare-
> çido, la mar amansó e todos los vientos tomaron treguas,
> mas un viento manso fincó sólo que alinpió el çielo.
> (pp. 34-35)

The narrator tells the reader indirectly that no amount of hoping
and praying can change the course of events. The fact that the
narrative dwells on God's non-intervention in these events generates,
in the comparative context in which the compiler wants us to read

these tales, a marked gap between expectations in different genres.
The controlling hand of divine providence that we see in the hagiographic art of Plácidas has been abstracted from the romance world
of Estoria where chance is allowed freer rein. By such a strategy,
the narrator gives tacit recognition to the fact that his tale is to
be read from a secular perspective.

G. Resolution of the Task (26)

As Propp says of this function, "forms of solution correspond exactly . . . to the forms of tasks."[25] Since the tasks of the heroes
in each tale were vaguely defined as "patient suffering" or the
"getting of humility," the end of this process is an arbitrary one.
We can only know that the task is resolved and the humility acquired
when the hero is reunited with his family since there is no specific
goal or thing which is sought on the journey (that is, the hero is
not on a quest like the Grail knights). The implication in each tale
is that some omniscient force determines that the "task" has been
satisfactorily resolved. In Plácidas, the constant reference to divine intervention and overseership confirms that assumption, while in
Estoria no such explicit confirmation is forthcoming. After the reunion of Guillelme and his sons, the huésped proclaims "bolsa avedes
fallada," an indication that some goal has been reached or some prize
won. The metaphoric bolsa becomes actual after the reunion of the
entire family when the money pouch which had been taken from Guillelme

after Graciana was abducted drops from the sky. Chance is seen as the
outside or controlling agent. God is involved in this process only
by the implication that can be drawn from the intervention of the divine voice at the beginning of the tale. Under such circumstances,
the tale must be read symbolically for it to have implications beyond the purely diversionary.

H. Transfiguration (29)

   The preceding functions bring the tale to a tentative climax.
From the tales that he studied, Propp included as functions of clo-
sure (a) the exposure and punishment of villainy (numbers 28 and 30
in his schema), (b) transfiguration of the hero (number 29, studied
here), and (c) his wedding and assumption of the throne (number 31).
The only function which really applies here is transfiguration. As
Propp defines it, the hero takes on a new appearance (usually achieved
through the aid of a magical helper or by donning some magical gar-
ment) which is commensurate with his newly-achieved status in society.
The transfiguration of the heroes in our two tales, however, must be
viewed from a slightly different angle. In each tale, we find no
change in social or moral condition which takes on meaning in relation
to the initial situation of the protagonist and the reasons for departure from home. Similarly, the mode of transfiguration is the
final differentiating factor which establishes absolutely the generic

distinction of the two tales.

In _Estoria_, the transfiguration entails Guillelme's resumption of his rightful role in society and its attendant wealth and prestige. He is recognized by all as King of England and all pay him homage. Thus, we are not dealing with a transformation defined as a becoming something new in some absolute way, but rather a transfiguration relative to the role he had occupied for the greater part of the narrative's duration. The transfiguration must also be judged from the perspective of the completion of the task. As we indicated, if Guillelme has completed the task of the "getting of humility," his transfiguration is only partially understood if considered to be merely a return to the position he occupied at the beginning of the tale. He is "transfigured" in that his social role is strengthened by the acquisition of humility and charity, moral values which will benefit all of society. The personal knowledge which is the individual transfiguration in this case has a social context: the individual's growth will be beneficial to the body politic.

In _Pláçidas_, on the other hand, the transfiguration of the hero takes on broader religious implications. As in _Estoria_, it involves a return to his initial position within society. This move is, as in _Estoria_, one which is relative to the position he had occupied for most of the first half of the story. However, it is in relation to the completion of the "task" that we see this transfiguration as conceptually different from that in _Estoria_. If the hero's task was to purge himself, submit to God's will, and be a witness for Christ, then the transfiguration to his former position in society does not indicate that the task has been completed. It is only in his refusal to participate in pagan rituals, most specifically idolatry, that Eustacio completes his task. Through his confrontation with pagan society around him, he fulfils his mission and is transfigured. The process is completed when he and his family are martyred. He is no longer Placidus, the good heathen, but rather he comes into the fulness of Christian identity that his Christian name implies.

As we indicated earlier, the absolute sense of genre distinction between the two texts arises most specifically from this last narrative function, for it is here that the potential meaning of the initial situation and the narrative moves which result from it is crystalized. In Plácidas, we read the rest of the tale as a hagiographic narrative only retrospectively. By viewing the entire tale from the end, we see that the narrator's interventions enforce a specific mode of reading the tale which in turn necessitates a specific hagiographic interpretation of the narrative functions. A hagiographic reading of Estoria is impossible because it presents the transfiguration in terms of a moral renewal of an individual and, because of his position, of society by extension. The similar narrative functions shared by the two tales are, in Estoria, not presented by the narrator as manifestations of God's divine plan for these characters, and are, therefore, secularized. The Old French Dit offers a tale

hich is mid-way between the hagiographizing of Plácidas and the
ecularizing of Estoria in that it presents the narrative events in
he very strong light of manifestations of a divine plan complete
ith its biblical analogues, but allows for a secular ending. Thus,
he final product is something much more akin to exemplum literature
han is Estoria. From this we see that generic distinctions result
rom the ends to which like structures are put and not necessarily
rom a difference in the structures themselves.

However, we must wonder to what extent these conclusions derive
rom the mechanical analyses of twentieth-century critics and to what
xtent they were true for the audiences who read these tales initially.
: is precisely here that the codex arrangement illuminates our dark-
:ss. It seems only fair to assume that the compiler of this codex,
; a medieval reader, understood hagiography and romance as intersect-
ıg modes. The codex juxtaposes the two tales, with Plácidas followed
ʹ Estoria. This implies that the compiler recognized the more
:neral relationship that contemporary scholarship indicates as ob-
ιining between these two tales. The symbolic value of Estoria is
ıhanced by its positioning in the codex vis à vis Plácidas, and by
ɪsitioning Estoria where he did, the compiler was, in a certain
ɪnse, commenting on or interpreting the tale for us as well as pro-
ding the reader with a critical guide for reading the codex and the
ɪlationship of the two genres to each other; namely he is "telling"
to read these two genres with the same mind set, to let them inter-

sect and feed off of each other in our psyche as we read them. The
compiler is demonstrating actively to us our long-held assumption that
medieval man's view of the world is one in which the secular and religious interweave, creating analogies whose reverberations form a
total and polysemous world view.

III. Animal Imagery

The presence of animals in the two tales speaks of the strong folk-
loric nature of these tales. A comparison of the use made of them in
each is a very telling demonstration not only of the way in which motifs are handed down by tradition, but also of the way in which sig-
nifying concepts interpenetrate secular and religious contexts.

A. The Stag

In both tales, the hunt is a central element which results in some
profound change in the characters and their situations. The stag, the
most popular game animal and the one on which the majority of hunting
manuals centered, is the object of the hunt in each tale. However,
the symbolic value of the chase, and of the object of the chase—the
stag—, differs in the two tales. As Thomas Heffernan has shown in his
extensive study of the narrative motifs of the Eustace legend,
Christian iconography had, from a very early date, equated the stag
with Christ.[26]   This became the basis for an extensive medieval tradition which allegorized the different iconographical types of the stag.
Marcelle Thiébaux[27] shows that the Eustace legend combines the icono-
graphic type of "the nobly-antlered stag" with the conceptual view of
the total chase experience as a sacred one in which an encounter with
God leads to conversion. In the iconographical type mentioned, an
image of Christ crucified appears to the hunter Placidus. The

typically Christian paradox of the exchange of roles of pursuer and
victim characterizes this episode. The hunter Placidus becomes the
hunted, the victim of the divine hunter Christ. Thiébaux noticed that
this paradoxical exchange of roles was reinforced very cleverly by the
interplay of paired near-homonyms in Ælfric's Old English version of
the legend.[28] The Old Spanish version maintains that sense of punning
so prevalent in Ælfric's version. The following is the account of
the conversion scene from Pláçidas, the basis of the paradox of the
entire tale:

> . . . asý mostró él a este bendito cavallero entre los
> cuernos de aquel ciervo el señal de la verdadera
> cruz más clara e más luziente qu'el rrayo del sol.
> E en la cruz estava la ymagen de Jhesu Christo que
> fezo el ciervo fablar commo omne e díxole: "Pláçi-
> das, ¿por qué vas tú contra mí? ¿Qué me quieres o
> qué me demandas? Sabe que, por amor de ty, te me
> mostré entre los cuernos d'esta bestia, asý commo
> tú ves, por que me conoscieses. Yo so Jhesu Christo
> que tú sierves, e tú non sabes ende cosa. Yo veo
> bien las lemosnas que tú cada día fazes a pobres
> e a coytados. E vyne aquí mostrárteme por este
> ciervo, e tú echástete a caçarlo. E yo alcançaré
> a tý: tú non prenderás el ciervo, mas yo leuaré
> a ty preso e liado. Ca non es derecho nin rrazón
> que mi amigo, que tantas faz de buenas obras,
> sierva des oy más a los diablos, nin que adore los
> ýdolos que non an seso nin saber de acorrer a
> ninguno (nin) de'l fazer ajuda."
>
> (p. 7)

The plays on words which bring about the exchange of roles involve the
near-homonymic pairs ciervo/sierves and ciervo/sierva primarily, and
the verbal pair prenderás/preso (and the latter's synonym liado).
Christ is identified here with the ciervo according to custom. While
Placidus does in fact pursue the beast, the symbolic relationship at-

tending between the stag and Christ turns the hunted into the hunter.

A parallel with St. Paul on the road to Damascus seems to be implied.

The change of role implicit in the beast's metamorphosis is also true

in the linguistic strategies of the text. The stag/Christ identifies

itself to Placidus saying "Yo so Jhesu Christo que tú sierves." The

juxtaposition of ciervo (stag/Christ), the pursued, and the unwitting

act of service ("que tú sierves") of the pursuer underscores linguis-

tically the conceptual reversal of roles which informs the paradoxi-

cal structure of the Christian hagiographic tale. The second pair of

near-homonyms, ciervo/sierva, coming as it does after the primary as-

sociation ciervo/sierves, echoes the primary pair but in the negative,

in that the subjunctive form of the verb highlights a pagan servitude

that should be replaced in form (worship of the true God, as indica-

ted previously in sierves, as opposed to the heathen idols) as it is

in fact (Placidus serves, sierves, the God of charity by means of his

many generous acts on behalf of the less fortunate). The pursuer

equally is the pursued, and subdued, in the pair prenderás/preso.

Whereas Placidus has been the pursuer (the subject, tú, of the verb),

now he is the object, that which is implied in the participle preso.

Since preso is semantically a passive, Placidus' new condition as

victim and pursued is further underscored. The ingenuity which

Thiébaux attributed to Ælfric is equally a part of the communicative

strategy of the Old Spanish. The verbal play reinforces and intensi-

fies the content of the narrative: as Christ the pursued becomes the pursuer, as victim ends victorious, so too do Placidus and his family as they pass from the "death" of pagan cultism to the "life" (in death) of Christian martyrdom.

The stag and the chase do not signify a Christian structure as they are used in Estoria, but do point towards a symbolic reading of the tale by analogy with Plácidas. Hunting and the chase form part of the backdrop of Estoria and are elements which add to a vague notion that the tale shows a process of medievalization of values and motifs so common in the process of textual transmission.[29] We learn early in the narrative that Guillelme is a hunter. The fact that it was an important activity for him, as well as being of importance in the context of the narrative, is implied by the fact that of all the goods stolen from his house after his departure, his hunting horn is the only item which is dwelt on at any length (p. 9). It will in turn serve to initiate the process of recovery (of his station and family) which informs the latter half of the tale. The second instance in which these hunting motifs enter into the narrative is during the climactic reunion of Guillelme with his wife, Graciana. Guillelme, as the merchant Guy de Galuoya, is being entertained by his wife at the palace in which she lives. As their conversation develops, each comes to recognize the other, although neither admits that knowledge openly. The secret recognition is followed immediately by the initiation of a hunting scene (p. 39). The king sees dogs running past the window and immediately falls into deep thought about

hunting, so deep in fact that he falls asleep and dreams about a
hunt in which he encounters a marvellous fifteen-point stag. After
being awakened, recounting his dream, and wishing that it could be a
reality (one which he had done without for twenty-four years), Graciana assures him that he will see his dream fulfilled that day. The
fulfillment of his wish and dream is to the letter of each as he encounters and subdues the marvellous stag of his dream (pp. 40).
The fact that the antler configuration of the stag is insisted upon
seems to connote a continuity with "the nobly-antlered stag" motif of
Plácidas, although here in a secular rather than religious context.
This chase also leads to a reunion between father and sons. In an
attempt to capture the stag, Guillelme had crossed, against Graciana's warning, the boundary which marked her land and that of an em-
bittered suitor. Two soldiers of the noble suitor, Guillelme's sons
Lobel and Marŷn, overtake him and, under orders, are set on bringing
him back to their master for disciplinary action. However, as they
talk, they become aware of their familial ties (p. 42) which leads
shortly to the reunion of the entire family (p. 45).

The process at work here, in comparison with Plácidas, necessitates a different hermeneutic strategy. In Plácidas, as we saw, the
stag and the chase helped to structure the basic Christian paradox of
victimizer/victim which informs the story. To impose that structure
on Estoria would be to allegorize the tale beyond what the evidence
admits. It appears, however, that we can assume a recognition of the

stag and the chase as constituent elements in the legend's tradition.
What is most telling about the recognition of the importance of this
motif in the symbolic configuration of this version of the legend is
the fact that it is reworked, repositioned, and to a certain extent
medievalized, so that it conforms more to the setting of the tale and
its own narrative strategy. In Estoria, the chase and the stag serve
as the unifying element, bringing the family members back together
and allowing for a re-establishment of their former identities and
previous social station. Just as the stag symbolized the beginning
of a new life for the pagan Placidus, one of fullness and spiritual
completion in the context of the Christian community, so too does it
serve in Estoria as the catalyst for a return to communal family life
after an odyssey fraught with hardship and spiritual purgation. While
the circumstances and even position of this motif in the narrative sequence of Estoria have been altered, in comparison with Plácidas, it
functions analogously and leaves the reader with the same sense that
those who transmitted this tale understood its essence in the context
of the legend.

We can take this thought one step further, however. If we go back
to the idea stated above about the danger of allegorizing the tale
without a proper context for doing so, we can begin to see how the
symbolic nature of Estoria is strengthened by its relationship in the
codex to Plácidas. Franca Danelon's didactic and even allegorical
reading of Guillaume is based on an extensive network of symbolic

equivalences in the motifs of the tale. The stag in this configuration symbolizes Christ. However, the courtly context in which the
stag appears in Guillaume (and subsequently in Estoria) allows for
such a symbolic reading only by extension, meaning that the symbolic
nature of the beast could be derived only by assuming that the reader
saw this story as a rifacimento of the Eustace legend and then made
the connection between the two stags. (Taken to absurd limits, such
an argument would allow for a symbolic reading of all medieval hunting treatises in which stags figure prominently as allegories of
man's search for God.) However, since Estoria occurs just after
Plácidas in the codex, a context is provided whereby the secular hunt
and the stag take on the symbolic value that Danelon insists they
have. While there is a chance that a learned medieval audience might
perceive the intention to equate symbolically the stag and Christ in
the rifacimento, the compiler of the Spanish codex creates, in absolute terms, the possibility of reading this motif, and by extention
the rest of the tale, in this symbolic manner.

B. Eagle

Another animal which figures prominently in the thematic development of Estoria is the eagle. As we see in the story, an eagle robs
the hero of the five pieces of gold which he received in exchange
for his wife from the villainous merchants. This motif, with some

variation, appears in four of the western versions of the legend,

namely Guillaume (and Dit), the Middle English romance Sir Ysumbras, a

thirteenth-century Swabian romance Die gute Frau, and a fifteenth-

century German work Der Graf von Savoien.[30] While some more general-

ized treasure theme is found in a wide-ranging number of tales from

the Arabian Nights to the early thirteenth-century Old French romance

L'Escoufle[31] (and many in between), and while a bird is the agent in

some, the eagle is an exclusive feature of the above-mentioned western

forms.

Accepting the presence of an eagle as part of the treasure motif

regardless of the links that may or may not join the above texts, the

question that suggests itself is what symbolic value can be attached

to this animal. The medieval bestiaries offer some help in this re-

gard. In the twelfth-century Latin bestiary translated by T. H. White

the most striking characteristic of the eagle is that it is endowed

with a regenerative power similar to the Phoenix; not that it can re-

vive from the ashes of its own funeral pyre, but rather that it does

have the ability to revive a lost "youthful vigor". As the text tells

us,

> when the eagle grows old and his wings become heavy
> and his eyes become darkened with a mist, then he
> goes in search of a fountain, and, over against it,
> he flies up to the height of heaven, even unto the
> circle of the sun; and there he singes his wings and
> at the same time evaporates the fog of his eyes, in
> a ray of the sun. Then at length, taking a header
> down into a fountain, he dips himself in it, and in-
> stantly he is renewed with a great vigour of plumage
> and splendour of vision.[32]

The text then goes on to moralize about man in the same tone, imploring him to follow the lead of the eagle by seeking the spiritual fountain of Jesus Christ and, by being immersed in it, take off the old life and put on the renewed one which Christ offers.

Danelon's symbolic reading of Guillaume posits the eagle as representing Christ, although this supposition has no basis in the text. Dit, on the other hand, makes the connection between the eagle's presence and Christ's controlling hand, as the text tells us:

> Que li dous Jhesu Crist fist une aigle descendre,
> Qui au bec et aus ongles ala la bource prendre
> (vv. 449-50)

In Estoria (and Guillaume), the eagle is surely meant to represent an agent of divine providence. This can be surmised not through direct authorial intervention, as we see in the passage above from Dit, but rather as a result of the monologue by Guillelme which follows the eagle's theft of the pouch in which he himself equates this final humiliation with God's ire. The eagle has taken this last bit of worldly wealth from him because of some unexplained and maybe unexplainable reason. He must suffer now like Job (a point made emphatically in Dit, v. 462, and echoed in Plácidas, but present here only by contextual insinuation).

Guillelme is self-condemning, charging himself with being profoundly covetous, and, by describing in detail the sufferings of Tantalus, hints that his fate will be of equal horror if he does not change his ways. He finally recognizes that there is a general moral

lesson to be gained by this sudden reversal of fortune: "e dígovos
que non es señor de su aver él que lo tiene ascondido, mas aquél que
lo despiende e lo da; aquél lo ha e aquél lo deve aver" (p. 16). It
appears that Matthew 19:29 which details the sacrifice demanded of all
Christians is a pre-text for this statement: "And every one who has
left houses or brothers or sisters or father or mother or children or
lands, for my name's sake, will receive a hundredfold, and inherit
eternal life." Dit, as Silvia Buzzetti Gallardi has shown,[33] actively
incorporates this concept, in its biblical form, into its discourse,
as when the confessor recommends just such a course of action to
Guillaume:

> Que l'Escripture dit c'om doit pour Dieu laissier
> Meubles et heritages et enfans et mouillier
> Pour conquester la joie que nulz ne peut prissier
>   (vv. 141-43)

Guillaume (and Estoria) offer no such direct statement of biblical in-
spiration for this lesson. The remainder of Estoria, then, is a
chance for Guillelme to show, like Job, his humble acceptance of his
condition. It is through the structure of the entire narrative, however, that we see a return in actuality to what Guillelme had learned
philosophically as a result of his losses: namely, that one is lord
of one's wealth only to the extent that one does not view it as one's
own to possess greedily. The entire narrative reinforces that awareness. The return to good fortune at the end implies that that lesson
has been learned and actively integrated into the character's psyche,
although one cannot say more than that because of the mysterious ways

of providence which bring about the chance circumstances that allow
for the reunion of all family members and a return of all properties
and concommitant social station. The mysterious ways of providence
are as much at issue as the moral lesson to be learned.

The eagle reappears at the end of Estoria. After Guillelme is
reunited with his family, both wife and sons, they and an accompany-
ing entourage return to the cave where Graciana had given birth to
their sons and where their odyssey began. Guillelme explains to the
others the losses that he and his family had suffered--the birth,
the swaddling cloth cut from his cape, the separation, the loss of
his hunting horn--and how all had been restored to them through God's
grace (p. 50). He then says that God had been so merciful as to
bring everything back to the way it was, except for the pouch with
the five gold pieces, the circumstances of the loss of which he then
details very carefully to all present. It is at that very moment
that the entourage hears a series of screeches and screams coming
from the sky. All look up and see that two eagles are fighting over
the very pouch which Guillelme had lost twenty-four years before,
carried off then, we are now told, because the eagle thought that it
"era de comer por la color que avía vermeja" (p. 51). The pouch falls
to earth and Guillelme recovers it, recognizing it as the lost pouch,
and proclaiming God's benevolence in returning to him the last bit of
worldly possession lost during his lengthy ordeal.

Surely, the King's own words upon recovering the money are evidence
that he saw his own fate as having come around full circle ("Ora ved

quán maña es la piadat de Dios que solamente non quiso que yo esta

bolsa perdiesse," p. 51), and that God was intimately involved in the

waxing and waning of his fortune. The statement presupposes an un-

stated but nonetheless viable sense that this ebb and flow in the

family's fortunes has as a precondition some new knowledge that will

be gained, some "treasure" which will be discovered or recovered for

which the eagle and the pouch are only symbolic presences in the nar-

rative. It is precisely this symbolic treasure that is the bounty

which Guillelme recovers at the end of the romance in his reunion

with his family. This is stated very specifically by the huésped.

While the implications may appear at first glance to be ones of

economic gain for the two boys (that is, they have found a new pro-

tector, a new huésped), in relation to the more general treasure

theme which serves to structure the work, and the moral lesson of

biblical origin which serves as pretext and context, the only pos-

sible reading of bolsa is both joy at reunion and the unstated con-

dition of returning to the fulness of God's grace.

NOTES

1. Dos obras didácticas y dos leyendas, Sociedad de bibliófilos españoles, 17 (Madrid, 1878).

2. Chrétien de Troyes, Guillaume d'Angleterre, ed. Maurice Wilmotte, Classiques français du Moyen Age, 55 (Paris, 1927). All citations are from this edition and will be cited by verse in the body of the text.

3. Silvia Buzzetti Gallardi, Dit de Guillaume d'Engleterre. Edizione critica e commento linguistico-letterario (Turin: Edizione Giappichelli, 1978).

4. "Four Romance Versions of the William of England Legend," RomN, 3, 2 (Spring, 1962), 75-80.

5. In Dos obras, pp. 161-62.

6. All page references are to the present edition of the text and will be cited in parentheses.

7. Knust, p. 163. Actually, Knust seems to be somewhat sarcastic in what he says about the French text: "Probablement, creyó Crestien presentar así la escena más verosímil, porque ¿qué cosa más natural que imaginarse la intervención de un ángel?" (pp. 163-64).

8. Franca Danelon, "Sull'ispirazione e sull'autore del Guillaume d'Angleterre," Cultura Neolatina, 11 (1951), 49-67.

9. For an extensive discussion of the geography of Guillaume and its possible relationship to the genesis of the text, see M. Dominica Legge, "The Relationship of Guillaume d'Angleterre," in Medieval Miscellany Presented to Eugène Vinaver (Manchester: Manchester University Press, 1965), pp. 196-205.

10. Krappe, "La Leggenda di S. Eustachio," Nuovi Studi Medievali (Bologna, 1926-27), 223-58; "La Leggenda di S. Eustachio," Studi Medievali, 3 (1908-111), 169-229; and Gerould, "Forerunners, Congeners, and Derivatives of the Eustace Legend," PMLA, 19 (1904), 335-448.

11. Sept., tom. VI, die 20, pp. 123ff.

12. Gerould, p. 387, n. 4.

13. For a complete schematic rendering of the tale as told in the Acta, see the account as taken from Charles P. Wagner, "The Sources of El Cavallero Cifar," RHi, 10 (1903), 14–17, in Roger M. Walker, Tradition and Technique in "El Libro del Cavallero Zifar" (London: Tamesis, 1974), pp. 57–59. For a succinct rendering of the versions and origins or the Eustace-Placidus legend, see Walker, El cavallero Pláçidas (Exeter: Exeter Hispanic Texts, 1982), pp. xvi–xxii. All quotations from Pláçidas are from this edition and are indicated in parentheses in the body of the text.

14. "An Analysis of the Narrative Motifs in the Legend of St Eustace," Medievalia et Humanistica, New Series, no. 6 (Cambridge: Cambridge University Press, 1975), 63–89.

15. Heffernan, 68.

16. Danelon, 49–52.

17. The Waning of the Middle Ages (1919; rpt. New York: Doubleday Anchor Books, 1954), p. 202.

18. Morphology of the Folktale, trans. Laurence Scott, 2nd ed. (Austin: University of Texas Press, 1968). Propp sees the narrative structure of fairy tales from a very rigid perspective. The functions occur in a very specific order in a tale which, according to Propp, is inviolate. This rigidity is supported by the analysis of the fairy tale corpus. However, it does tend to confine researchers by imposing an order on tale functions which mechanizes and creates difficulty in trying to determine the meaning of a given tale, and how meaning is generated and changed by the manipulation of functions. For critiques of Propp's methodology which point out its difficulties, see Frederic Jameson, "Magical Narratives: Romance as Genre," New Literary History, 7, 1 (1975), 135–64, and Claude Lévi-Strauss, "La Structure et la forme, réflexions sur un ouvrage de Vladimir Propp," Cahiers de l'Institut de Science Economique Appliquée (Recherches de dialogues philosophiques et économiques, 7), no. 99, Paris, 1960.

19. Propp, p. 21.

20. Propp, p. 22.

21. According to Propp (p. 25), all tales have an "initial situation" which serves to introduce the dramatis personae as well as the possible reasons for future conflicts. See Propp, pp. 119–20, for a complete listing of all functions which comprise the ini-

tial situation.

22. For an analysis of the fortune of the Job legend during the Middle Ages, see Lawrence L. Besserman, The Legend of Job in the Middle Ages (Cambridge, MA. and London: Harvard University Press, 1979).

23. Propp, pp. 30-31.

24. Propp, p. 39.

25. Propp, p. 62.

26. Heffernan, 69-70.

27. The following are the iconographical stag images studied by Thiébaux in The Stag of Love. The Chase in Medieval Literature (Ithaca: Cornell University Press, 1974): (1) the thirsting stag, (2) the serpent-slaying stag, (3) the nobly-antlered stag, (4) the harried stag, and (5) the transpierced stag.

28. Thiébaux, pp. 61ff.

29. See in this regard Ian Michael, The Treatment of Classical Material in the "Libro de Alexandre" (Manchester: Manchester University Press, 1970), and Hans Ulrich Gumbrecht, "Literary Translation and its Social Conditioning in the Middle Ages: Four Spanish Romance Texts of the 13th Century," Yale French Studies, 51 (1974), 205-22.

30. For more details, consult Gerould, 361-79.

31. Gerould, 392-406.

32. T. H. White, trans. and ed., The Bestiary: A Book of Beasts (1954; rpt. New York: Putnam, 1960), p. 105.

33. See Dit, ed. Buzzetti Gallardi, p. 21.

EDITORIAL CRITERIA

The text that follows is a reading text. As such, modern rules for accentuation, punctuation, and justifiable capitalization are followed.
We have striven to represent faithfully those graphs which indicate
phonological difference, such as c̲ and ç, or s̲ and z̲ for a sigma depend-
ing on its phonological environment. "Regularization" of forms is a
touchy subject among medieval philologists, some seeing it as an infi-
delity to the text, others justifying it on the grounds that the intended audience should dictate editorial criteria. Since we regularly provide interpretive strategies such as punctuation, accentuation, capitalization, and expansion of contractions, we have chosen to regularize
certain forms. Vocalic j̲ and v̲ are transcribed as i̲ and u̲, while con-
sonantal i̲ and u̲ will be transcribed as j̲ and v̲ as per their intended
usage in the MS. Ampersands have been transcribed as e̲ as per their
meaning at the time, and underscored to indicate an interpretation on
our part. Since capital ampersands were frequently used as a form of
the letter e̲, especially in occurrences of the article e̲l, the ampersand
was interpreted as that letter and underscored. We have provided capi-

talization and punctuation for the text. In so doing, especially as it
pertains to regularization of capitalization, we have had to capitalize
where the MS provided no such capitalization, and we have had to eliminate random capitalization where there is no modern need for it. No editorial provision has been made for accounting for such occurrences.

The MS abounds in superfluous tildes and it is a difficult task to
determine the correct form of some words. <u>Como</u> is commonly written
with a superfluous tilde. Since no form of the word occurs written with
two <u>m</u>'s, we have transcribed it as <u>como</u> and made no attempt, in notes
or otherwise, to indicate the original form of the word in the MS. The
implications of this practice are more serious in other cases. The
noun <u>ome</u> is written most frequently with a tilde, and one is tempted
to interpret the word as "<u>omne</u>". However, there are seven cases in
which the tilde does not occur, and the full form <u>omne</u> never occurs in
the text, from which we deduce that we are perfectly justified in
reading <u>ome</u> in all cases with no notes indicating the presence or ab-
sence of a tilde in the MS. Similarly, the noun <u>reyna</u> is commonly written with a tilde. We now have a dilemma. Since the language of the
text has a demonstrable western flavor, one would expect <u>ome</u> to be a
perfectly acceptable form. This would then lead us to suspect that
<u>reyña</u> might be best interpreted as <u>reyña</u>. However, here we would have
to prioritize our interpretive strategies and place greater weight on
the scribal quirk of the superfluous tilde than on a supposed phonological value for this tilde and accept the form <u>reyna</u>, again without
any note to document the variations within the text. All other words

which show a tilde in the MS as an indication for a suppressed n are transcribed with the modern tilde (e.g., señor).

All multiple word forms that are written without separation in the MS are separated in the edited text (e.g., ala is edited to a la). It is often difficult to determine if these words were written together because of space limitations or because they were considered to be one lexical unit. Our solution is a compromise with the modern language. Forms such as "enel" in which the second vowel is an editorial interpretation of a scribal suppression are not separated. Since upper case R is meant to have the phonological value of a trill, we have decided on the following resolutions: (1) in sentence-initial position, R becomes Rr; (2) in sentence-internal positions, R becomes rr, except when used as part of a proper name in which case the solution in (1) is used; and (3) lower case rr is rendered Rr in proper names but maintained as found in all other instances. A sigma which represents s or z is indicated by those letters with underlining. Enclitic pronouns represent an editorial problem. The norm of the codex is to have enclitic pronouns joined to the verb form which they follow, a practice which we continue. However, since no clear pattern emerges concerning the relationship of these pronouns to infinitives in the case of future and conditional verbs, the pronoun will be attached to the verb if this is done in the text (e.g., plazerme ŷa) or joined to the infinitive with hyphens if multiple pronouns follow (e.g., amostrar-voslas-hemos). We regularly join together such forms as the conjunction porque and all adverbs. Syncopation is resolved by separating the preposition from the following word by an apostrophe (e.g., <u>dalmafy</u> becomes <u>d'almafy</u>), but only when the preposition ends in a vowel other than the one with which the following word begins. When the MS shows syncopation based on like ·contiguous vowels (e.g., <u>dellos</u>), no such attempt to indicate syncopation of one of the <u>e</u>'s is made. Editorial interpretation of all scribal suppressions is indicated by underlining the interpreted letter(s). The form "qu<u>e</u>l" meaning <u>que</u> <u>le</u> is resolved as "<u>que</u>·l".

We have borrowed some of the transcription mnemonics used in the preparation of texts for the Dictionary of the Old Spanish Language (DOSL) at the University of Wisconsin. Any word or part of a word that occurs within parentheses is our editorial omission such as (e <u>diome</u>) If, however, the first character to the right of the open parenthesis is a caret (^, the omission indicated is that of the scribe or corrector and was done at the time of the production of the MS, for example (^<u>es</u>). Square brackets,[ ] , indicate our editorial insertion of a word or letter, such as <u>pasara</u>[n], while square brackets in which the first character is a caret [^] indicate that the insertion was made by the scribe or corrector and was thus contemporaneous with the production of the MS, such as [^<u>es</u>]. An open parenthesis followed by a cross (+ indicates that the word or part of a word reproduced there is illegible in the MS and is our editorial reconstruction, such as <u>s</u>(+a)<u>le</u>. Two question marks in square brackets [??] indicate illegible text which we do not try to reconstruct. Such conventions, while somewhat diffi- cult upon a first encounter, eliminate the need for endless paleographic notes and help to retain the flavor of the original MS page.

The text is divided into thirteen sections or chapters. We base this division on the breaks within the MS accomplished through the use of illuminated initials. These divisions are unnumbered in the MS, but we provide nummeration. Folio numbers and columns are indicated in parentheses exactly where they occur.

EL RREY

GUILLELME

(fol. 32a) AQUÍ COMIENÇA LA ESTORIA DEL RREY GUILLELME.

I

1

(fol. 32b) Dizen las estorias de Ynglaterra que un rrey ovo que ovo
nonbre Rrey Guillelme. Este rrey amó mucho a Dios e a su ley e onrró
mucho la santa eglesia, e fizo una promesa que jamás non perdería
maytines nin misa mientra pudiese aver quien las dixiese. Este rrey
ovo en sý grant caridat; este rrey fue muy piadoso; este rrey fue muy

2

justiçiero; este rrey tovo mucho en paz ssu tierra; este rrey fue

3

muy amado e muy temido de sus pueblos. Este rrey ovo muy fermosa
mugier e muy sesuda e de linaje de rreys, mas non cuenta ende la estoria más. Esta rreyna ovo nonbre Graçiana e fue buena cristiana a

4

maravilla. El rrey la amó mucho e sienpre le llamó señora; e la
rreyna amó su señor bien tanto o más. E sy él ovo muchas buenas
maneras, non ovo ella menos, e sy él amó a Dios e lo creyó, ella non
menos, ca sy él bien oýa maytines, nunca los ella perdió mientra ovo

salut. Sseys años bibieron asÿ que nunca podieron aver fijo nin fija,

e al setemo aveno que la rreyna conçebió. Quando lo sopo el rrey,

plogóle mucho e fízola muy bien servir e guardar, e él mesmo se traba-

jó mucho de le fazer todo plazer. E en quanto fue ligera (fol. 32c)

5

que su fexe non le podía enpereçer sienpre yva oyr sus maytines asÿ

como solía. Quando lo el rrey vyo, pensó en ella ca ovo pavor que·l

noziese e non quiso que allá fuese e fízola fincar e él fuese. E ave-

no una noche que él despertó a su derecha ora e maravillóse como non

tañían a los maytines, e quando se quiso tornar a dormir oyó una boz

que le dixo, "Rrey, liévate e vete esterrar, que te lo mandan dezir."

El rrey fue maravillado desto que oyó e después que oyó los maytines,

llamó un su capellán que era ome bueno e fabló con él [de] su visión

e rrogóle que le diese consejo. E él consejóle lo mejor que pudo e

díxole, "Señor, de esta visión que vos vistes non sé sy veno de Dios

nin vos non lo sabedes, mas tanto sé yo bien que vos feziestes muchas

6

cosas syn derecho. Fazed dar pregó[n] que sy alguno ha de vos

querella que venga a vos e que ge lo emendaredes. Este es el mi con-

sejo: que vos quitedes de todo mal que avedes fecho, ca témome desta

visión que fue anteparança." E el rrey que ovo sabor de fazer aquello

que le aquél consejava, fizo su corte con aquellos que eran con él e

mandó dar el pregón e fizo sacar sus te-(fol. 32d)soros, e los que-

rellosos fueron pagados a su voluntad. Quando llegó la noche, echóse

el rrey a dormir. E a la media noche vio la claridat e oyó la boz

asÿ como ante, e sygnóse por la maravilla que viera e levantóse lo

más toste que pudo e fuese a la eglesia orar e ferir sus culpas en sus
pechos. E desque oyó los maytines, apartóse en una capiella con su
capellán e díxole que Dios lo mandava yr como de ante, e el capellán
non ge lo quiso desdezir mas tanto le dixo, "Atendet aun esta noche
e sy vierdes esta visión tened que por Dios bien, e desde allí non
atendades más nin atendades consejo más. Sy la terçera vez esto oyer-
des, rruégovos que de allý adelante despreçiedes el mundo e a vos mesmo e amad a Dios solamente. Vuestro oro e vuestra plata e vuestras
donas todo sea empleado en pobres e en las cosas de Dios, asý que
valía de una castaña. Non finque convusco fuera lo que vestides, e
Dios a la çima vos lo dará çiento doblado." Quando el rrey oyó lo que
le dezían, que era verdat e buen consejo, díxole, "Por Dios, señor,
que sea poridat asý como confesión." E el capellán lo otorgó. E el
rrey se salió de la eglesia e non se le olvidó lo que le el capellán
dixo, ca luego mandó traer ante sý todos sus thesoros. E enbió por
los abades e por los prelados. E por su consejo partió por ellos su
aver a pobres e a byudas e a huerfanos e a eglesias fazer e enrreque-
çer, e a cavalleros e a dueñas pobres, (fol. 33a) asý que de todo su
aver se partió. E la rreyna, que otrosý viera la claridat e oyera la
boz aquellas dos noches, partió su aver e sus donas e ssus paños.
Aquella noche dormieron muy poco e atendían de ver la claridat e de
oyr la boz. E a su derecha ora vieron e oyeron anbos lo que atendían
e loaron a Dios. E la boz dixo, "Rrey, bayte, yo te so mandadero de
la parte de Dios, que te vayas en esterramiento, e porque tanto tardas

es te Dios ya sañudo." El rrey se erguyó luego e signóse e plogóle de
mandado e bestióse e calçóse e non muy rricamente, e la rreyna otrosý
erguyóse. E al rrey pesó que se cuydara syn ella yr mas non fue, ca
todavía ovo con él a yr e tenerle conpaña a qualquier cosa que después
les aveno. E él, que la vio levantar, preguntóle qué quería fazer.
"E vos, ¿qué?," dixo ella. "Yo," dixo él, "querría yr a los maytines
asý como solía." "Non es asý," dixo ella. "Sý es," dixo el rrey.
"Señor," dixo ella, "çertas non val rren vuestra encobierta. Çertas
non vos partiredes asý de mí que me ante non digades lo que queredes
fazer. Synon, dezir-lo-he yo." "Dezit," dixo él, "sy lo sabedes."
"De grado," dixo ella. "Vos non vistes estas dos noches ninguna cosa
que yo non sabía. Yo vy la claridat e oý la boz que dixo que vos
fuésedes esterrar." "Verdat es," dixo él, "e non lo puedo asconder
nin devo e Dios pensará (fol. 33b) de mí e yo lo mejor que podier
quiero fasta mi muerte prender afán en lo servir." "Dios vos lo   dexe
acabar," dixo la rreyna. "Mas mucho me maravilla como syn mi consejo
lo osastes provar a que estoviésedes enel exido. Çiertas yo muerta
sería sy me dexasedes sola; çiertas jamás non fuera leda, pues que tan
poco dávades por mí. ¿Qué cosa non vos falleçía fuera yo?   Par Dios,
señor, grave penitençia fuera ésta (e este) de partir, mas ante se me
partirá el alma de la carne que me yo asý de vos parta." E el rrey
la rrogó muchas vegadas que lo dexase yr, e la rreyna, que era muy sesuda, dixo, "En toda manera anbos a dos de consuno faremos esta conpaña e con grant rrazón ca nos de consuno avimos mucha rriqueza

e mucho plazer e mucho viçio; ora más devemos aver de consuno pobre-
za e pesar e lazería. E por ende quiero partir ygualmente convusco
lediçia e tristeza e bien e mal." "Ay," dixo el rrey, "señora, merçet. Por Dios fincat, ca vos non podredes sofrir el trabajo de la
carrera ca sodes preñe e pesada e non querría por çient mill marcos
de oro que prendiésedes algunt dapño enestos montes yermos, ca çerta
estades de aver vuestro fijo e aquí non podríades aver ayuda nin ningunt viçio, ante sería dura vuestra vida de lazería e de mengua e muy
ayna seríades muerta. Agora fincad, mas aved piadat de vuestro fijo
que çedo averedes e dexaldo bevir, ca sy el morier, vuestra será la
culpa. E yo, ¿qué (fol. 33c) podería después fazer? Ssyn falla, yo
morrería de duelo después de la muerte de anbos, e asý vos mataríades
a vuestro fijo e a vos e a mí, e por vos sola morreríamos todos tres.
¿Por qué vos queredes matar? Mucho valdría más que fincasedes en
vuestra posada e en (en) vuestro lecho e que toviesedes a vos e a
vuestro fijo que agora nasçerá muy viçiosos. Fol es quien ssu consejo da a quien lo creer non quier. Sy se después mal fallar es
10
derecho, mal va el conçejo el que lo non cren. E sy vos yo derecho
non consejo, non lo creades." "Señor," dixo la rreyna, "vos dezides
bien, mas yo he desto buena esperança. De quienquier que aya fiuza en
Dios non podrá ser desconsejado, e por ende vos rruego que me non
echades de vuestra conpañía. E sienpre se Dios nenbrará de nos e
guardará a mí e a vos e al niño que de vos nasçerá. E vamos de consuno enel nonbre de Dios e rroguémosle que nos tenga en su guarda."

"Dueña," dixo el rrey, " a qualquier cosa que ende avenga, sofrir me

conviene vuestra voluntad quando fincar non queredes. Ora vamos enel

nonbre de Dios e Dios nos guye." Entonçe se partieron de la camara

por una feniestra. E la noche era muy escura, ca non fazía lunar,[11]

e andaron tanto fasta que llegaron a una floresta (fol. 33d) muy es-

pesa. E él levava su espada çinta. E de todo el aver del mundo non

levavan cosa, mas confortávanse en sus buenos coraçones que avían

fuertes e enteros. E non yvan por carreras nin por senderos, ante

yvan desviados por non fallar quien los torvase[12] e asý fuyeron an-

dando toda la noche. E sy enojo o mal prendían, mucho lo tenían por

viçio ca lo que Dios alunbra e lo en que mete su spiritu, toda cosa

amarga terná por dulçe e toda lazería terná por viçio.

II

Quando la mañana llegó, sus gentes despertaron e maravilláronse del

rrey como se non levantara e qué fuera dél, ca muy de mañana se solía

levantar, e mucho pesava a los más, mas más les pesara sy sopieran

la verdat. Pero non pensavan cosa que les fuese grave ante atendían

que se levantase e asý atendieron fasta medio día. E quando entonçe

vieron que se non levantara, ovieron grant pesar e fueron a la puerta

de la cámara e falláronla çerrada. E llamaron e puxaron. E quando

de dentro non fabló ninguno, calláronse e estudieron asý una pieça e ascucharo̱n, e̱ qu̱ando entendiero̱n qu̱e̱ ni̱nguno ỹ yazía, qu̱ebraron la

puerta. E̱ no̱n fallaro̱n el rrey ni̱n la (fol. 34a) rreyna, e̱ mara-

villáronse qu̱é̱ podría ser, e̱ fallaro̱n la feniestra abierta porqu̱e̱ se

derribaro̱n. E̱ntonçe pensaron qu̱e̱ eran ydos, mas ante̱ qu̱e̱ ni̱ngu̱na

cosa sopiesen, tomaro̱n qu̱anto fallaron en la cámara: maletas e̱ arcas,

e̱ sacáro̱nlas al palaçio, mas no̱n fallaro̱n ỹ nada. E̱ un moço cató e̱

vio so el lecho un cuerno d'almafy qu̱e̱l rrey sienpre̱ solía levar

qu̱ando yva a caça e̱ el moço por trebejar tomó el cuerno e̱ diolo a su

madre e̱ su madre lo cató mucho. E̱ntonçe no̱n sopiero̱n qu̱é̱ cuydar,

pues a caça no̱n era. ¿Qu̱é̱ vos diremos de la fama qu̱e̱ viene? Toste

fizo saber del rrey qu̱e̱ era salido de su tierra [13] e̱ el rreyno fue to-

do torvado e̱ a todos pesó comunalmente e̱ buscáronlo e̱ fiziéronlo

buscar por toda la tierra. Mas al rrey e̱ la rreyna, qu̱e̱ se andavan

por aqu̱ella floresta como bestias e̱ comían de las landes e̱ de las

yervas e̱ de las frutas de los árvores e̱ bevían del agua, mas toda su

lazería sofrían con paçiençia. As[+y] andaro̱n por ese monte̱ fasta

qu̱e̱ llegaron al mar. E̱ en rriba del mar fallaron una peña en qu̱e̱

avía una peña cueva, e̱ allỹ se metiero̱n e̱ yogu̱ieron allỹ aqu̱ella

noche, asỹ como pudiero̱n. Allí ovieron duro lecho e̱ lazería a-(fol.

34b)saz, mas la rreyna fue muy cansada e̱ luego se adormeçió e̱ no̱n fue

maravilla. E̱ qu̱ando despe̱rtó, llególe ti̱enpo de aver su fijo, e̱

llamó a Dios e̱ a Sa̱nta Ma̱ria e̱ los sa̱ntos e̱ las santas, mas de tanto

le veno bien qu̱e̱ no̱n ovo mene̱ster mugi̱er a su parto ca el rrey por

su buen talante fizo ỹ quanto ella deviso fasta qu̱e̱ ovo su fijo, muy

fermosa criatura. E el rrey catő do lo echaría o qué le faría, e
sacő su espada e tajő la diestra parte de su garnacha e enb(^i)olviő-
la en ella e echőlo en tierra e asentőse cabo dél e púsole la cabeça
sobre sus inojos como ome piadoso e sabroso e de buen talante fasta
que la rreyna adormeçiő, que trabajara mucho. E quando despertő, dio
bozes e dixo, "Gloriosa Santa María, que vuestro fijo e vuestro padre
generastes, seyendo vos su fija e su madre, catad esta vuestra vasalla
de vuestros piadosos ojos." Tanto rrogő en esta guisa a la gloriosa
virgen que ovo otro fijo. E el rrey tajő la otra parte e enbolviőlo
ý e púsolo çerca del otro. E puso la cabeça a la rreyna sobre sus
inojos e adormeçiő fasta en la mañana. E quando despertő, ovo tan
grant fanbre que nunca ovo mayor e dixo al rrey, "Señor, sy non ovier
agora que coma seré sandía, ca tanto he grant fanbre que me converná
comer uno de mis fijos." E el rrey se levantő luego e non sopo qué
feziese, fuera tanto que penső (fol. 34c) del dar de comer de los
muslos de sus piernas. Entonçe travő su pierna por le dar della, e
la rreyna, que rrabiava de fanbre, quando vio su grant piadat, ovo
dél duelo e dixo, "Señor, este non puede ser agora al. Buscad que me
dedes a comer, ca par Sant Pedro Apostol la mi carne non comerá la
vuestra." "Par Dios," dixo el rrey, "dueña, sý faredes, ca yo quiero
salvar muerte de mi fijo. Ora comet de mi carne quanta vos abonde,
ca Dios me dará salut e cobraré çedo mi llaga, mas muerte de mi fijo
non podría cobrar. E a Dios pesaría mucho sy vuestro fijo comiésedes,
e este pecado solamente vos mataría." "Señor," dixo ella, "ora vos

callat. Yo sofriré mi fanbre lo mejor que pudier e vos entretanto yd

buscar sy fallaredes quien por Dios vos dé alguna cosa." Dueña," dixo

él, "de grado." Entonçe se salió de la cueva e cató contra rribera de

la mar e vio una nave de mercaderos que ÿ aportara, e fue a ellos e

díxoles, "Señores, rruégovos por Dios que sy traedes alguna cosa de

comer que me dedes dello, que Él vos dé buena andança e gananç̧ia deso

que levades." E uno de los mercaderos le rrespondió sañudamente,

"Truhán lixoso, vete de aquí, ca mal te verná d'aquí sy más estás."

E entonçe le dixo el otro mercador, "Por Dios, amigo, non vos yncal.

Lexaldo yr en paz, que asÿ an de bevir los pobres demandando por los

omes buenos, ca este su (fol. 34d) menester non lo començó agora nin

dexar non lo querrá, ca non sabe al fazer por que biva." "Ay," dixo

el rrey, "ome bueno, por Dios, ave merçet. Sy Dios me ayude, yo non

lo començé agora nin aquí non averá fyn que así quiso Dios que fuese

e conviéneme de lo fazer, pues Dios quier. Pero toste averá fyn sy yo

tan grant coita non oviese como he e non de mí mas de otri, [14] de mi

mugier, que yaz parida de dos fijos e ha tan grant fanbre que los

quier comer." "Ay," dixo él, "falso truhán, como mentides, ca nunca

fue mugier que sus fijos quesiese comer." "Pero," dixieron ellos,

"levadnos allá sy non fuer lueñe d'aquí e veremos o yazen los niños."

Entonçe se fueron conél xxv e él los levó allí lo más toste que pudo.

E uno dellos que sse preç̧iava más, cató la rreyna e dixo, "Par Dios,

non es ésta desanparada nin desanparada non será. Don truhán, ¿dó

fallastes vos tan fermosa mugier?" "Señor," dixo él, "yo so su marido." "Par Dios," dixo el mercador, "yo so escarnido. Quando me

vos osades me<u>n</u>tir,¹⁵ vos vos ende fallaredes çedo mal. <u>E</u> par Dios

sandia era ella q<u>ue</u> tal villano tomava por marido. <u>E</u> consé̃jovos q<u>ue</u>

me no<u>n</u> digades mentira ca çertas en v<u>ue</u>stro casamie<u>n</u>to nu<u>n</u>ca ovo

c<u>ler</u>igo de misa. E coñosçedme," dixo é̃l al rrey, "¿dó̃nde la ovistes?"

"Ay señor," dixo el rrey, "no<u>n</u> lo digades. Asý̃ fuese yo q<u>u</u>ito de

todos los ot<u>r</u>os pecados como ella es mi mug<u>ier</u> lealment<u>e</u>." "Por b<u>ue</u>na

fe," dixiero<u>n</u> ellos, "esto no<u>n</u> podrí̃a¹⁶ ser, (fol. 35a) mas syn falla

furtá̃stela ajubre." <u>E</u> la dueña les dixo, "Çertas, señores, yo so su

mug<u>ier</u>, rresçebida de mano de c<u>ler</u>igo de misa." "Çertas," dixiero<u>n</u>

ellos, "mucho vos abaldonastes a mentir, <u>e</u> no<u>n</u> avedes ende vergüença

mas non vos val rren ca nu<u>n</u>ca su mug<u>ier</u> fuestes <u>e</u> en mal pu<u>n</u>to sy lo

sodes." "<u>E</u> q<u>ue</u> ta<u>n</u> mucho fuestes en su poder, mas sy Dios me ajude,"

dixo el mercador, "fuera sodes ende agora, ca vos levaremos muy ma<u>n</u>so

a n<u>ue</u>st<u>r</u>a nave <u>e</u> guardar-vos-hemos muy bien <u>e</u> tener-vos-hemos muy

viçiosa bien, q<u>ue</u> vos plega o q<u>ue</u> vos pese. <u>E</u> el sandí̃o q<u>ue</u> vos aquí̃

troxo no<u>n</u> averá̃ desoy má̃s en vos p<u>a</u>rte, mas los fijos ser<u>á̃n</u> suyos q<u>ue</u>

le ser<u>á̃n</u> buenos p<u>a</u>ra arlortar co<u>n</u> ellos, mas a vos guardar-vos-hemos

de g<u>u</u>isa q<u>ue</u> no<u>n</u> ayades ningu<u>na</u> lazerí̃a." Quando el rrey oyó̃ su so-

bervia, fue tan sañudo q<u>ue</u> no<u>n</u> poderí̃a má̃s. <u>E</u> cató̃ e<u>n</u> t<u>ier</u>ra do tení̃a

su espada <u>e</u> q<u>u</u>isiera la tomar, <u>e</u> diero<u>n</u> enpuxone<u>s</u> <u>e</u> alongá̃ro<u>n</u>lo della.

<u>E</u> uno dellos le dio una puñada en<u>e</u>l rrostro <u>e</u> ot<u>r</u>o tomó̃ la espada <u>e</u>

los otros feziero<u>n</u> una amenazas en q<u>ue</u> levaron la rreyna a la nave a

mal grado del rrey <u>e</u> della. <u>E</u> sy ella entonçe ovo gra<u>n</u>t pesar <u>e</u> se fizo gra_nt duelo, esto ning_uno no_n lo demandó. E él qu_e de b_uena

ment_e vengara su pesar viose tan solo qu_e se no_n osó tomar con ellos.

Pero qu_anto pudo fazer fizo: (fol. 35b) fue tirando por ellos e_ en-

barg_ándolos fasta qu_e la metiero_n en nave. E un ome b_ueno qu_e ý

andava, ovo piadat dél e_ metió çinco m_ar_co_s de oro en una bolsa e_

díxole, "Amigo," dixo él, "de v_uest_ro aver no_n he cura. Vuest_ros

sean, ca no_n ha g_uisa en_el mundo por qu_e los tome." "Amigo," dixo

el ome b_ueno, "o vos sodes de gra_nt corasçón o sandío o desdeñoso,

qu_e çinco m_ar_co_s no_n qu_er_edes tomar, mas dexar-los-he aquí e_ tornar

hedes por ellas sy los ovierdes men_ester." Ento_nçe colgó la bolsa

de un arbol. Desý entraro_n todos en la nave e_ erguyero_n las velas

e_ fuéronse. E el rrey fincó co_n gra_nt pesar e_ lloró mucho e_ fizo

grant duelo e_ grant llanto. Desý tornóse a la peña cuydando en_ lo

qu_e avía de fazer. E rreçeló de tornar a su rregno ca pensó qu_e los

rricos omes qu_e lo farían buscar fasta qu_e lo fallasen. Desý pensó

qu_e entr_aría co_n sus fijos en un batel qu_e estava en la rribera e_

yría por esa mar así como lo Dios qu_esiese guiar. Ento_nçe tomó uno

de sus fijos en sus braços e_ el otr_o dexó en la peña, e_ metió aquél

en_el batel, e_ tornóse luego por tr_aer el otr_o. E qu_ando cató, vio

un lobo qu_e lo levava e_ ovo muy grant pesar e_ fue corriendo, lan-

çando piedras e_ palos; mas todo le tovo poca pro ca lo no_n pudo al-

cançar. E fincó tan cansado qu_e se ovo de asentar çerca de una peña

e_ del cansaçio ^{17} adormeçióse. (fol. 35c) Mas el lobo qu_e el niño le-

vava non cansó, ante se acogió con_él a un camino mucho andado. E

aveno que entonçe pasavan por ỹ mercadores, e quando vieron el lobo
que levava el niño, corrieron conél lançando palos e piedras, asỹ quel
lobo les ovo a dexar su prea. E ellos, que deseavan mucho ver lo que
levava, llegáronse e vieron que era niño e fuesen muy ledos de que lo
fallaron sano, e toviéronlo por grant miraglo. E uno dellos, que avía
nonbre Gloçelins, rrogó a todos que ge lo diesen e criar-lo-ỹa ca non
avía fijo, e ellos lo otorgaron, e él dixo, "Yo rresçíbolo por fijo."
Entonçe se fueron al batel do el rrey metiera el otro. E el primero
que llegó e lo vio, rrogó a los otros que ge lo dexasen e criar-lo-ỹa
e que ge lo gradesçería mucho, e este avía nonbre Flochel. E todos
dixieron que el don era bien enpleado e otorgaróngelo e dixieron que
tenían por bien de que fuesen traidos 18 anbos en uno. Desỹ fuéronse
los mercaderos para aquel logar o deseavan yr. Ora vos dexaremos de
fablar dellos e tornaremos al rrey.

III

(fol. 35d) El rrey, quando despertó, fue muy coitado e dixo, "Ay Dios,
¡cómo me trayeron e mataron los mercaderos que me tomaron la rreyna e
el lobo que me tomó el fijo! ¡Ay lobo, en mal punto fuste nado! Mu-
19
cho te desviaste agora bien que me comiste mi fijo; mucho te cresçió
agora por ende tu fuerça; mucho eres agora por ende más grueso. ¡Ay
lobo, bestia mala, desamada bestia! Rrica presa as fecha. Mataste

uno que nunca fezo mal a ninguno. Pero seméjame que bien me aveno

del otro que me fincó." Entonçe se fue contra el otro que dexó enel

batel, e quando llegó do lo dexara e non lo falló, falleçióle la

fuerça e cresçióle el pesar e torvósele la sangre e enferveçióle el

corasçón, mas nunca por su mala andança en desesperança cayó. En-

tonçe aveno que le nenbró de la bolsa que le el mercador quesiera

dar e dixo que la quería tomar e guardarla. Entonçe se fue contra

aquella parte e do tendía la mano para tomarla, dexóse correr una

águyla a él e tolliógela ca le dio tal ferida d'anbas las alas en

medio del canpo. E quando se erguyó, dixo, "Agora (fol. 36a) veo

que Dios me es sañudo porque pensé grant flaqueza de corasçón que

dexé la onrra e el señorío de mi rreyno. E agora prísome asý el pe-

cado que ove de cobdiçiar un poco d'aver. ¡Mal oviera de ser escar-

nido e muerto! ¡Ay cobdiçia, cosa desleal! Tú eres de todos los

males rrayz, ca él que tú prendes quanto más ha tanto más querría

aver; en ty es su martirio, ca él que mucho ha aquél es pobre, asý

como Tantalus enel infierno. Tantalus fue escançiano e çatiquero, e

porque fazía falsamente su menester quando murió, fue al infierno.

E tien en derecho de la boca una mançana dulçe e madura e muere por

comerla. E quando quier poner la boca enella, fuye la mançana e

otrosý está en muy sabrosa agua fasta en las quexadas e muere de

sed, e quando meçe la boca por bever, fuye el agua. E este cae mucho

amenudo. En esta mala ventura e en esta coita está el mesquino.

Otrosý fazen los cobdiçiosos; mal fazen todos aquellos que se della

pagan, e dígovos que non es señor de su aver él que lo tiene ascondido,
mas aquél que lo despiende e lo da: aquél lo ha e aquél lo deve aver."
Asý denostava el rrey la cobdiçia e esmoreçíase a menudo por su mugier
e por (fol. 36b) sus fijos.   Tanto era sañudo e tan grant pesar avía
que non sabía qué feziese nin fallava logar o le diese el corasçón de
fincar: su pesar lo traýa ora acá, ora allá, e quanto fazía, todo lo
pesava: ora se asentava, ora se erguía, ora entrava enel monte, ora
se salía.   En esto durava toda la noche e todo el día otrosý, ca non
fallava logar do podiese asosegar: ora quería estar, ora quería ser,
ora quería yr, ora quería venir.   Non sabía en qual guisa se mantoviese,
mas tanto andó por ventura suso e juso e acá e allá que falló en un
prado una conpaña de mercaderos que seýan comiendo, e llegóse a ellos
e saluólos e ellos, que tomaron enojo dél, dieron bozes, "Tomaldo,
tomaldo, mataldo, non vos escape aquel diablo que al menos non lo
firades mal, ca este es el maestre de la orden de los omezianos e de
los ladrones e de los tenedores de carrera.   Aqueste es aquel que
todos los otros guía, e non beno   aquí synon por esculcar nuestro
aver que lo lieven de nos.   Andat toste a él."   E rrapazes salieron
e el rrey, que ovo pavor, començó a fuyr, que non tornó a ellos synon
otro día mañana a la ora que ellos querían mover d'allý, e echóse el
rrey a sus pies e pidióles merçet por Dios que lo levasen consigo en
su navío.   E tanto perseveró en ssu rruego que (fol. 36c) ellos ge lo
otorgaron, e entraron en su barcha e entraron en alta mar, e tanto
andaron que llegaron al puerto de Galvoya.   E el rrey se asentó cabo

20

de un burgés e el burgés ovo sabor de saber su nonbre, e preguntógelo
e él le dixo que ge lo diría e díxogelo más encubiertamente, "Yo,"
dixo él, "yo he nonbre Guy." "Ora," le dixo él, "Guy, ¿qué sabes tú
fazer? ¿Saberás tú sacar agua de pozo, saberás tú guardar mi casa,
saber-me-as traer la carreta, saberás tú enlardar mis aves quando las
asares? Ssy tú esto sopieres fazer, bien me servirás el algo que te
faré." "Señor," dixo él, "todo esto sé yo fazer e aun más, que non
me fallaredes ninguna loçanía por vos servir a vuestra voluntad."
Asý fincó don Guy con aquel mercador e serviólo muy syn querella e
mucho a su plazer. Nunca, por mala rrespuesta nin por menaza nin por
denuesto nin por pesar que le dixiesen o que le feziesen, se estrañó
más de servir nin mostró triste contenente, asý que el mercador fue
dél tan pagado que le dio sus llaves a tener e que lo fizo señor de
quanto avía e mandóle que de todo feziese su plazer. Agora vos tornaremos a fablar de la rreyna, que derecho es.

IV

(fol. 36d) Los mercadores que la rreyna levaron andaron tanto que
llegaron al puerto de Surlig. E estudieron ý tanto fasta que la
rreyna fue erguyda e guarida e tornada en su buen estado, asý que
cada uno la quería aver o por fuerça o por dineros, mas ninguno non
fallava rrazón por que la aver deviese. E levantóse entençión entre

ellos e fue contado antel señor de la tierra que avía nonbre Gloelais.
Este non era duque nin conde, ante era buen cavallero e de grant nonbrada 21 e [^era] viejo mucho. Quando Gloelais esto sopo, trabajóse
mucho de meter entre ellos paz, asý que los pagó todos ygualmente ca
ninguno dellos non ovo nada. E con todo esto, non fueron bien quitos
ca les tomó lo más e lo mejor de ssu aver e diolo a la dueña e levóla
para su casa e diola en guarda a su mugier que era otrosí vieja así
como él, mas la rreyna era muy fermosa e vergoñosa como donzella. E
quando la dueña la vio tan fermosa e tan sesuda, pagóse mucho della
en su corasçón, e el cavallero otrosý, mas sienpre lo encobrió mientra
su mugier fue biva. E aveno que su mugier morió ante que él e non
avían fijo (fol. 37a) nin fija; estonçe le semejó de tomar ésta por
mugier. E pensó mucho que nunca cosa le quiso dezir asý que le ovo a
descobrir el amor que le avía, e sacóla a una parte e fabló con ella
e rrogóle que fuese su mugier e su amiga e que él sería su marido e
su amigo mientra fuese bivo. "Señora," dixo él, "yo vos otorgo e vos
do mi tierra toda quita e a mi asý agora como después de mi muerte,
que non he fijo nin fija, a que finque, que vos syn rrazón faga después que mi gente vos fezier omenaje. Yo non sé qué vos prometa más,
mas evat aquí a mi e a quanto yo he." La dueña quando esto oyó, meçió
la cabeça e pensó en lo que le rresponderı́a e pensó que ante querría
tomar orden o otro qualquier escarnio que se asý arrefezar como mugier
de tan grant guisa e tan bien casada a venir a ser mugier de un cavallero de un escudo e de una lança, nin por rruego nin por aver, e

que otro cavallero non prendería nin casamiento sy el suyo non. E

dixo, "Señor, ora me entendet que entienda Dios vuestros rruegos e los

de gualardón del bien que me fezistes. Catad agora rrazón e ved sy es

cosa guisada de tomar vos una rrapaza por mugier, sandía e villana,

e fazer (fol. 37b) della señora de tierra. Vos sodes buen cavallero

e señor de castiellos, e mio padre fue un villano e yo so una moça

sandía e cativa, que he pecado porque ya tanto bivo ca la mi vida non

ha ninguna pro. Ca yo fuy monja e por mi sandez salý de mi abadía e

fiz mala vida andando por las tierras así como mugier malaventurada e

mal acostunbrada e abaldonada a quantos me querían que non rreçelava

ninguno. Mas, por Dios, pues mi confesión vos he dicha, non me des-

cubrades ende ca yo tal so como vos digo e non devo aver tan alto

señor como vos. Aun vos más diré. Otra rrazón ay mayor que ésta,

sy vos osase dezir, que me non quesiésedes por mugier, mas esta vos

deve abondar agora." "Amiga," dixo él, "non digades agora ca tanto

vos amo que por beldat, que porque sodes sesuda, que todavia vos quiero

por mugier, e por cosa que fasta aquí ayades fecha non dedes nada. E

yo otrosí erré en muchas cosas que fiz mucho de mi voluntad. E ya por

pecado nin por al non vos dexaré de tomar por mugier. ¿Non sabedes

vos que la castaña es dulçe e sabrosa pero s[+a]le del orizo espi-
²²

noso? Yo non sé sy vuestro padre fue rrey o enperador, mas muchos

malos salen de buenos e muchos bue(e)nos de malos, amiga, e sabroso

vedes aquí a mi que so vuestro e rruégovos que vos seades mía, ca sa-

bed que yo so vuestro de buen corasçón que non ha ý cosa de mal

talante. E más dígo-(fol. 37c)vos que por lo que feziestes non vos
amaré menos, ca mucho ha grant onrra el que se castiga de su grado e
desonrra el que se non castiga. Ora púsovos Dios en tan alto grado,
quiero que seades mi mugier." Quando la rreyna esto oyó, pensó mucho
e començó a llorar e non sopo qué feziese mas pensó que sy lo non pudiese engañar, así como mugier suele fazer a ome, que le semejaría
guisado que fuese señora de la tierra a quequier que aveniese, mas en
otra manera querría ante sser quemada o rrastrada que yazer con él.
Pero a la çima segurólo asý que le diese plazo e que faría lo que él
quesiese, e que enteramente le feziese entregar la tierra, e él que
la amava mucho otorgóle quanto ella dezía. "Señor," dixo ella, "entonçe yo te pido plazo e dezir-te-he por qué. Yo fuy a Roma al Padre
Santo e manefestémele e diome por penitençia (e diome por penitençia)
que treze años biviese syn ome e que me quitase de todo otro pecado.
Ora he yo doze [^xii] años que asý estó, ora só enel trezeno. E a
vos semejará que atendedes mucho, pero fazer-me-hedes enello grant
plazer e yo non pecaré e vos entonçe casaredes comigo syn pecado; mas
yo me tengo por sandía que esto creo, que bien tengo que vos rreýdes
de mí. E por Dios ssy (fol. 37d) escarnio es, non melo encubrades ca
de escarneçer de una sandía non vos bien ay cortesía nin mesura."
"Ay, amiga señora," dixo el cavallero, "por Dios, non vos despreçia-
des nin tengades que por escarnio vos lo digo." "Pues, señor," dixo
ella, "ora me dat el plazo que vos demando." E él rrespondió, "Yo vos
lo dó mas non vos dó plazo que alonguemos el casamiento." "Plazme,"

dixo ella, "pues vos asȳ queredes, mas non me busquedes mȧs." Entonçe mandó el cavallero por toda su tierra que veniesen todos los
omes buenos a su boda ca él era esposado e quería que todos ȳ fuesen.
E asȳ fue como él mandó: venieron cavalleros, venieron çiudadanos e
omes buenos muchos e clerigos e fraires e juglares e omes del sieglo.
Desque estovieron todos juntados, fizo el venir a Graçiana e non ovo
ȳ tal dellos que non dixiese, "Non es esta dueña sandía, que lieva
la tierra de nuestro señor e él liévala en camisa, pero non es maravilla que mucho es fermosa e por ende ha corasçón de nuestro señor,
asȳ que el su yerro ha fecho a su voluntad. Mas nuestro señor mal
erró e quien le dio por consejo que le tomase por mugier, ca es tan
moça que non ha mȧs de xv años, e querrȧ fazer lo que se quesier, e
non preçiarȧ nin temerȧ a nuestro señor valía de un dinero. Demȧs
védeslo ya muerto, ca estraña-(fol. 38a)mente es viejo." Asȳ dezían los unos; otros trebejavan e fazían ssus joglarías. La lediçia
e la fiesta fue muy grande, e Gloelies rresçebió su mugier por mano
de un abat bendito. Todo aquel día fezieron grandes lediçias e tre-
bejaron e folgaron, mas quando llegó la noche cogiéronse a su camara.
Mas todo fue asȳ como la dueña lo devisó ca non ovieron entre sȳ cosa de pleito de bodas. Mas quando la mañana llegó, quiso asȳ Glo[e]-
lies que la dueña rresçebiese la tierra por suya e que ellos la
rresçibiesen por señora e que le feziesen todos omenaje, e asȳ fue
como él mandó. E ella, que era muy sesuda, trabajóse quanto pudo de
los aver por amigos, ca de guisa fizo por su mansedunbre e por su

grandeza que de los rricos e de los pobres ovo sus coraçones a su voluntad. Ora vos dexaremos de fablar de la dueña e tornar-vos-hemos a
fablar de los niños.

V

(fol. 38b) Los mercaderos que los niños criavan, prendieron puerto en
Catanassa e leváronlos a la eglesia e feziéronlos bautizar, e el uno
ovo nonbre Lobel porque lo levava el lobo quando lo ellos tomaron, e
el otro llamaron Marýn porque fue fallado sobre la mar. Desque los
niños fueron bautizados, tanto mejoraron e tanto cresçieron que quando llegaron a los xii años, non podría ome enel mundo fallar más fermosos dos niños mejor enseñados. E esto les venía por derecha natura
que vençe criazón e jamás non falleçe, ca natura es dulçe e amargosa:
una es torvada, otra es llana, una es bieja, otra es nueva. Tal como
natura es enel ome, tal es el ome, e esta es la çima, ca tan grant
fuerça á la natura que ella faz el ome bueno o malo. E sy natura se
pudiese canbiar, los niños, que eran criados de dos villanos, non po-
drían ser tan buenos. Mas la buena natura donde venían los fazía ser
tan buenos e tan bien enseñados e los fazía guardar de yerro asý que
non podían salir a la criança de los males: tanto eran de grant linaje. Mas de tanto les aveno bien que fueron de consuno criados por-
(fol. 38c) que se conosçieron de su niñez, mas non sabían qué eran sus

padres, e amávanse mucho e andavan sienpre de consuno. E dezían los

que los veȳan, "Dios, ¡cómo se paresçen estos niños anbos en todo:

anbos son de una fechura mesma!" E asȳ era que quien viese uno sin

el otro non los podría estremar, e bien otrosȳ se paresçían en la

palabra, pero non se llamavan hermanos. Ellos se querían a tan bien

que non davan nada por conpaña de otros moços, e bien vos digo que

non fueron de lynaje de Gloçelines nin de Frochel. Quantos los

conosçían amávanlos mucho e fazían grant derecho, que mucho eran fer-

mosos e bien fechos e de buen donario, e bien en todo semejavan fi-

jos d'algo. E todos dezían que non semejavan en cosa a Gloçelines

nin a Frochel quanto se semejan el alano al mastín. Mas como quier

que los otros dexiesen, los mercadores fablavan entresȳ a qual mes-

ter los darían, e dexieron que serían buenos para mercadores e que

los diesen a pellitería. E Gloçelins fabló con su criado Lobato que

lo quería dar a coser en pelletería e él dixo que en ninguna guisa

non yría allá sy Marȳn su conpañero ȳ non fuese, e otrosȳ dixo Ma-

rȳn a Frochel que non entrarí(o)[a] a ningunt menester syn Lobato.

E los mercadores fueron sañudos e ferió cada uno el suyo en su casa

a coçes e a varas. E después que don Frochel ferió el suyo, llamóle

rrapaz e fijo de puta que ella con su maldat lo dexara en un vatel,

e que por esto le posieron (fol. 38d) nonbre Marín porque fuera

fallado sobre mar. Agora se provó el villano por qual era, ora pro-

vó bien su natura. ¡Maldita sea la lengua del villano, maldito sea

su coraçón, maldita sea su boca! Quando Marȳn se oyó denostar e se

vio ferir, ovo gra<u>nt</u> coyta <u>e</u> grant pesar. <u>E</u> Frochel con gra<u>nt</u> saña
tomó un pan <u>e</u> dió<u>ge</u>lo, <u>e</u> díxole <u>que</u> se fuese <u>pa</u>ra do <u>que</u>siese, pues su
mandado no<u>n</u> <u>que</u>ría fazer. <u>E</u> el tomó el pan <u>e</u> metiólo so su capa, <u>e</u>
tanto <u>que</u> le pudo escapar de manos, fuyóle enxugando su boca <u>e</u> sus
ojos de las lag<u>r</u>imas <u>que</u> llorava. Mas de su bue<u>n</u> conpañero Lobato
no<u>n</u> sopo cosa, <u>que</u> ot<u>r</u>osÿ lo firió Gloçelins por<u>que</u> no<u>n</u> <u>que</u>siera fazer su mandado, <u>e</u> denostólo muy mal, ca lo ferió <u>e</u> le façerió como lo
fallara enbuelto en un cabe de u[^na] (^na) garnacha vieja, <u>e</u> díxole
las peores palabras <u>que</u> pudo asÿ como a<u>que</u>l <u>que</u> avía dicho su amo al
ot<u>r</u>o. <u>E</u> esto fezo él bie<u>n</u> <u>pe</u>ro <u>que</u> no<u>n</u> metió ÿ mientes ni<u>n</u> por bien
no<u>n</u> lo fazía, mas fazíalo por mal. Mal fazía por<u>que</u> lo echava desÿ
<u>e</u> bie<u>n</u> por<u>que</u> plazía al moço. <u>E</u> Lobato, <u>que</u> todo era mojado de sus
lag<u>r</u>imas, fincó los inojos antél, <u>e</u> díxole, "Bue<u>n</u> señor, vos me c<u>r</u>i-
astes muy sabrosament<u>e</u> fasta aquí. Agora, pues, me he a <u>pa</u>rtir de
vos. Pídovos m<u>er</u>çet <u>que</u> me dedes leçençia syn saña, ca çiertas yo so
v<u>ue</u>stro <u>e</u> seré <u>e</u> devo ser, <u>e</u> non deve ome desamar su maestre sy (fol.
39a) lo ferir por lo enseñar, <u>e</u> de natura bien<u>e</u> a ome <u>que</u> se no<u>n</u>
pierda con a<u>que</u>l <u>que</u> le bien faz. <u>E</u> vos <u>que</u> me tanto bien feziestes,
¿qué avíades comigo por<u>que</u> me lo fazíades sy vos de bondat no<u>n</u> veniese?
<u>E</u> metistes en mi gra<u>nt</u> costa <u>e</u> gra<u>nt</u> afán asÿ como yo agora p<u>r</u>imera-
ment<u>e</u> aprendÿ, <u>e</u> diéstesme vida ca me tolhestes al lobo <u>e</u> pues me le
tolliestes, lo <u>que</u> yo bivo <u>e</u> lo <u>que</u> yo só por vos es, <u>e</u> no<u>n</u> podería
padre más fazer por fijo. <u>E</u> por ende sabed <u>que</u> todavía se<u>r</u>é v<u>ue</u>stro
doqu<u>ie</u>r <u>que</u> yo sea, ca des<u>que</u> de vos me <u>pa</u>rtier jamás no<u>n</u> fallaré

otro tal." Quando el mercadero vio que tan sabrosamente le pidía

merçet e tan bien se le conosçía enel bien e en la criança que le fe-

ziera, díxole, "Fijo, ora está en paz, ca bien te perdono e mentira

te dixe en quanto te dixe, mas perdonarme deves ca estava sañudo. Tú

non eres mal traýdo de cosa que te yo dixiese nin feziese, ca por tu

pro te lo fazía, e colpes de lengua non fazen llaga. Finca comigo
                                    23
e aprende a ganar   como yo fago, ca él que es rrico muchos amigos

falla, e mucho es vil el que non ha nada: éste non ha pariente, éste

non ha amigo, éste non es preçiado. E otrossý sy tú eres pobre, to-

(fol. 39b)dos te ternán en poco, ca oy es el día en que el sesudo, sy

pobre fuer, en toda corte lo ternán por torpe, e el torpe, sy fuer

rrico, por sesudo: el costunbre de la tierra éste es. Por ende te

consejo que ayas aver en qualquier guisa que pudieres sy quesieres

ser onrrado e semejar sesudo en este sieglo. Ora me cree e farás tu

pro." De todo esto non ovo el moço cura ca su natura ge lo defendía

e dixo, "Señor, quier sea mentira quier verdat lo que vos dezides,

perdonado vos sea, mas todavía sabet que yo me yré syn espedirme de

vos sy vos de grado no me dexardes yr." E él le dixo, "Fijo, fincat

al menos fasta en la mañana." "Non lo faría," dixo él, "ca fasta en

la mañana podría yo ser lueñe d'aquí." "Pues asý es," dixo el ome

bueno. "Yo te daré unas abarcas de vaca e capa de lluvia e espuelas

e dos rroçines, tanto quiero perder en ty. Non quiera Dios," dixo él,

"que lo perdades e dé a mi poder, que vos lo meresca e sirva." E dile luego capa e abarcas e espuelas viejas. El niño fue muy ledo

con el don. Desÿ diole dos rroçines grandes e buenos, enfrenados e

ensellados, e diole un moço que fue conél que avía nonbre Jordan, e

diole un arco e fézole atar un carcax de saetas al arzón. E diole un

marco de plata (fol. 39c) en dineros, e díxole, "Yo vos consejo que

non finquedes synon vierdes vuestra pro. Mas a mí vos tornad." Asÿ

se salió guisado Lobato mas mucho avía grant pesar de que non avía

conpaña de Marÿn. E así como él cuydava de Marÿn, asÿ cuydava Marÿn

dél. E yendo asÿ Lobato cuydando, cató e violoençima de un valle,

mas non lo conosçía ca se non catava de aquello. E començó a aguyjar

contra él e Jordan con él, asÿ que lo fueron alcançando. Marÿn, que

los asÿ vio venir en pos de sÿ, maravillóse que bien cuydó que yvan en

pos él por lo tornar, e por esto començó a foyr tan toste como ssi

corriese en pos él el marino. Mas Lobato yva en tal rroçÿn que lo al-

cançó toste, e quando vio que era su conpañero, desçendió e abraçólo

e besólo e dixo, "Yo cuydava que érades con vuestro padre. Ora me de-

zit sy le fezistes alguna cosa por que se vos asañó, ca vos veo dél

partido." E Marÿn, que tenía los ojos en tierra, erguyólos quando vio

que non sabía de su fazienda cosa e quísole dezir su fazienda mas ovo

vergüença, pero tanto le dixo que su padre lo firiera e lo echara de

casa porque non quería ser pellitero. 24 "Por la fe que vos devo,"

(fol. 39d) dixo Lobato, "otro tal aveno a mí más, pero partíme dél por

su plazer. E sy yo sopiera que vos ante de mí veníades, non me falle-

çiera cosa de mi voluntad nin diera una paja por la saña de mi padre.

Mas agora serÍa bien que sopiesemos por donde avemos de yr." "Par
Dios," dixo el otro, "esto non sé yo adevinar synón do nos levar la
ventura." E Lobel dixo, "Nos tenemos para esta semana [25] quanto po-
damos despender. E non pueden pasar veynte dÍas que fallemos señor
con que fynquemos." E desÝ vieron salir de una xara un corço, e MarÝn dixo a Lobel, "Tomad el arco e matadlo." "SsÝ, faré," dixo él syn
falla. Entonçe le dio él su escudero el arco e tendió una saeta e
fue contra el çiervo e lançóle la saeta e diole e matólo, e el corço
cayó syn esmoreçer e Maryn fue muy pagado del golpe, e tomaron su corço e ataronlo tras MarÝn, e Jordan sobió con Lobel e fuéronse muy ledos con ssu caça. E tanto andaron fasta que llegaron a una fuente
clara e buena que corrÍa entre unas yervas verdes asÝ blanca como una
plata esmerada. E çerca la fuente estava una choça fecha de nuevo.
AllÝ deçendieron e entraron dentro, e fallaron Ý colgado un manto de
una percha mas non fallaron Ý al. La choça era bien çerrada de rramos
(fol. 40a) e bien cobierta por la lluvia; a los meninos progó mucho
con tal posada. E dixieron a Jordan, que sabÍa la tierra, que fuese
a alguna villa buscar fuego e pan e vino e sal, e él dixo que lo farÍa
muy de grado. Entonçe se fue a una abadÍa que él sabÍa e llamó a la
puerta, e los monges salieron e diéronle quanto demandó e un moço que
avÍa nonbre Rrodén que le ayudase a levar lo que le dieron. Los don-
zeles acá enteramente desollaron su corço, e guisaron de fazer su cozina, e en esto cataron e veyeron venir a Jordan. DesÝ llegáronse e
fezieron su cozina, mas ante que la cozina fuese fecha, llegó un mon-

tañero cuyo menester era de guardar el monte que rrico nin pobre nin
estraño ni conosçido²⁶ non caçase. E quando entró en la choça, falló
ỹ aquellos e fue muy sañudo, e Lobel e Marỹn se erguyeron a él e sa-
luáronlo e él con saña non rrespondió cosa a su saluaçión ante les
dixo, "Vos sodes presos e muertos, ca yo vos levaré tras al rrey e
fazer-vos-he cortar las manos e sacar los ojos por su corço que le
caçastes." E Lobato dixo, "Amigo, de vos nos podrá Dios guardar, ca
non fezimos cosa por que devamos mal prender, (fol. 40b) mas perdo-
nadnos, ya está noche. E mañana levadnos do quesierdes en tal que
ayamos paz e tregua con vos, e dar-vos-hemos un marco de plata ca nos
non traemos más." E él dixo que lo otorgava más que le diesen luego
la plata, e la plata le fue dada e fue dada la tregua. E díxoles, "De
oy más non vos guardedes de mí." Quando los niños fueron segurados,
començaron a comer e a bever e aver grant alegría, e echáronse a dormir sobre su rrama. E en la mañana levantóse el montañero e desper-
tólos, e Jordan les guiso las bestias e cavalgaron. E el montanero
levó los niños antel rrey e díxole, "Estos moços fallé caçando en
vuestra floresta e tomaron ỹ un corço, e tráyovoslos porque tomedes
vengança. Mas non me semeja de tan pequeños moços e tales [^que de-
ven] lazrar por tal cosa, e por buena fe, yo non los prendiera synón
porque juré." E el rrey dixo, "Bien feziste lo que oviste de fazer.
Yo bien veo los niños fermosos e buenos e quiero que fynquen comigo,
e quiéroles fazer mucho bien sy buenos quesieren ser." E Lobel rrespondió, "Señor Rrey, al andamos buscando e muchas (fol. 40c) merçedes

de lo que nos prometes." E el rrey dixo, "Non te yncal, que en buen
punto venistes aquí tú e tu hermano, ca bien cuydo que anbos sodes
hermanos." E Lobel rrespondió, "Señor, salva vuestra gracia, non somos hermanos nin parientes." E el rrey dixo, "Cállate, ca esto non
podería ser pues vos tanto semejades syn falla hermanos sodes mas non
lo osades dezir. Quier seades hermanos quier non, dezitme como avedes nonbre." E él dixo, "Yo he nonbre Lobel e mio conpañero Marýn."
El rrey non les demandó más, mas llamólo a un su montero onrrado e
díxole, "Toma estos niños e guarda e piénsame dellos muy bien e dales
canes e aves, e enséñalos e liévalos contigo a monte e a rribera cada que fueres caçar." E el montero asý lo fizo. E los niños cayeron
en tan grant amor con el rrey que el rrey les mandó dar que vistiesen
e quitaçiones a su voluntad, e fazíalos yr consigo sienpre a monte
por caçar. Ora vos dexaremos a fablar de los niños e tornar-vos-
hemos a fablar de su padre.

VI

(fol. 40d) El burgés que lo provó en todo e lo falló tan leal asý
en guarda de su casa como en despender sus dineros que jamás non le
quiso tomar cuenta, e el burgés que lo amava mucho porque lo vio
leal, llamóle a una parte e díxole, "Sy tú quieres, enprestarte he
yo trezientas libras con que fueses ganar a Flandes o a Inglaterra o

a la Proençia o a Gascueña. E toda la ganancia sea tuya mas que me

des mi aver, e non puede sser que non seas muy rrico ca bien ganarás

ỹ quinientos marcos." E el rrey rrespondió, "Señor, vuestra merçet,

ora me dat los dineros pues vos asỹ queredes que yo venga a fazer lo

que vos quesierdes, e bien sabed que yo non dexaré mercado nin feria

a que yo non vaya ca yo conosçido só de los mercaderos e conosco
27   28

toda merchandía." E el mercador le dio los dineros e él conpró los

mercados que sopo por pregunta que le valdrían en las ferias. E des-

que ovo todos sus dineros enpleados, fuese do sopo que eran las ferias

e los mercados, e fizo su fazienda lo mejor que pudo asỹ que de a-

quella merchandía ganó más quel mercador le diera de cabdal, ca mejor

andança ovo que todos los otros mercadores que a las ferias fueron.

El mercador quando el rrey a él llegó tovo por grant maravilla lo

que le aveniera ca estoviera poco e ganara (fol. 41a) mucho. E amólo

e preçiólo por ende más e fízole más onrra que solía, e díxole, "Yo

quiero enbiar convusco mios dos fijos que los enseñedes a ganar e

que vos siervan e vos sean muy bien mandados, e darvos he mi nave e

mill o dos mill marcos en aver e en dineros. E la primera carrera

que fezierdes, yredes a Inglaterra, ca esta otra semana a de ser la

feria de Bertolt." E el rrey dixo que le plazía. E el mercador le

dio la nave e sus fijos que le fuesen muy bien mandados, e ellos asỹ

lo fezieron. E el rrey entró con ellos en su nave, e el maestre de

la nave que avía nonbre Terfez, tomó el governallo e guiólos a Ber-

tolt. E el rrey mandó que tirasen todo el aver de la nave e cavallos
buenos que trayan e entraron de mañana en la villa e tomaron posadas.

VII

Aquella sazón tenía un mançebo la tierra toda e la corona en guarda
para su tyo el Rrey Guyllelme, ca aquél era el más llegado pariente
que avía. El rrey posava en la villa con un mercador (fol. 41b) mucho a plazer de sy. E do estava un día enel mercado vendiendo su
aver, vio un niño que traya un cuerno e lo vendía, e llamólo e preguntóle sy quería vender el cuerno, e él dixo, "Datme por el çinco
soldos," e el rrey ge los dio. Desy preguntóle e díxole, "Rruégote
que me digas donde oviste este cuerno." "Señor," dixo él, "quando el
Rrey Guillelme se partió desta tierra con su mugier e se perdieron,
las gentes de la villa fueron a su casa e rrobáronla. E desque fue
rrobada, metyme yo so un lecho e fallé este cuerno. Era yo entonçe
muy pequeño e era su criado e por esto me lo non tomó ninguno, nin
yo non sabía sy errava en ello, mas fasta aquí lo guardé bien, e ora
quiérome yr en rromería a Sant Gil e andava vendiendo el cuerno por
dar los dineros a pobres por alma de mio señor." E el rrey dixo,
"Bien feziste. Cuydo que te verná aun dende bien. Aun alguno verná
que te lo gualardonará que agora tú non cuydas." E dio el rrey entonçe el cuerno a un su serviente que le diera los dineros para él,

mas mucho le dixo que mercara mal. E el donzel fue partiendo sus dineros por el mercado do vio que era menester. Mas las gentes que su
señor conosçían e vían aquel mercador que lo semejava, pasavan a (fol.
41c) menudo a montones por antél e dellos seÿan e dellos estavan, e
catávanlo para conosçerlo mejor, asÿ que lo fueron dezir al rrey,
"Señor, en la feria está un mercador que semeja más vuestro tío el
rrey que nunca ome semejó el rrey otro, que sed çierto que aquél es el
Rrey Guillelme mesmo." "¿E sabedes," dixo él, "cómo ha nonbre o pre-
guntastes-lo-ÿa?" "Non señor," dixieron ellos, "nin aun non le pre-
guntamos cosa." "Pues," dixo él, "quiero yo yr allá e fablar con él,
e sy me semejar mi tío, en quanto él biva, beviremos anbos de consuno,
e quiero que biva comigo en tal que me pueda nenbrar de mi tío cada
que lo vier." Entonçe se cogió a un grant cavallo de castiella e cavalgó en él e pos él muchos omes buenos que avían grant sabor de lo
ver, ca xxiiii años avía que se esterrara e non lo vieran, e sy fallasen quél era, podedes creer quel viçio sería grande. El rrey non que-
dó fasta que llegó do estava el mercador. E tanto que vio a su tío,
desçendió e echóle los braços al cuello e saluólo e abraçólo e díxole,
"Mucho vos deseava ver ca sabor he de fablar convusco grant pieça, e
ora sed comigo." El dixo, "A todo vuestro plazer sea todo, que a mÿ
(fol. 41d) plazerá de quanto me dixierdes, mas convusco non seré ca
alto ome me semejades." "Non temades," dixo el rrey. "Seguramente
sed cabo mí ca yo só rrey e vos rrey. E semejádesme mi tío más que
nunca otra cosa semejó otra, e por él vos amo yo tanto que a pocas non

vos llamo tío, señor, rrey. Esta es muy grant maravilla. Ora vos yd

comigo que asaz verná quien venda grana e brasil e çera e todas otras

vuestras merchandías, ca yo por esto vine a vos que vos levase a mi

tierra e de mi casa, que vos quiero fazer mi mayordomo." "¿Mayordo-

mo?", dixo él. "Çertas," dixo. "Non he cura, que toste podería sobir
                                                        29
en alto e caer de grado en grado, e fazer-me-ýades   tomar tal salto

que me dolería mucho, ca ya yo vy de tales que vilmente cayeron donde

cuydavan bien estar e tornáronse onde venieron. Por ende non me

quiero desto trabajar. Otro bien me podedes fazer ca yo quiérome te-

ner mi menester. Mas ora me dezit, ¿non podería ser quel rrey per-

dido veniese? Pues, ¿qué faría yo? Luego me convernía caer e tor-

naría mercador como me só. De tal andança non quiero yo parte. Mas

ora me dezit, por vuestra bondade, vos que sodes rrey, ¿qué faríades

sy él veniese?" "Ssy Dios me aya parte del alma, yo le daría la co-

rona (fol. 42a) que le guardo e el rregno que para él tengo, ca yo

non só ende synón vicario. E por amor dél vos amo yo e rruégovos

que seamos buenos amigos e que vos non estrañede(de)s de mí, que co-

mades comigo cada día vos e vuestra conpaña, e denvos para las bes-

tias lo que fuer menester. E al partir averedes vuestra quitaçión

buena a vuestro plazer; e los costunbres e los portadgos que los o-

tros mercadores dan de lo que conpran e venden non lo daredes vos en

todo mi rregno. Ora me dezit, e non vos pese, do posades e cómo
                                          30
avedes nonbre, que vuestra pro será."   "Señor," dixo él, "yo he

nonbre Guy de Galvoya. Yo he grant algo e tengo muchas merchandías."

Entonçe se partió el rrey de su tío como bueno e de buena parte, e fízole más de onrra e más de serviçio que le prometió mientra fue en la
villa. E las otras gentes tanto lo amavan e tan buen senblante le fazían que ome entendería bien que sy se él quesiese fazer conosçer, que
syn dubda sería rrey de Inglaterra como de ante era. Esto non quiso
él. E quando se ovo de yr, tan solamente non se espedió a sus amigos
ante se salió de muy grant madrugada (fol. 42b) de la villa e fuese a
la nave que su maestre Terfes tenía ya aguysada e que estava cargada
de mucha rrica merchandía. E entró ý ssu conpaña e alçaron las velas
e alongáronse de tierra e entraron alta mar. E el viento se començó a
esforçar e torvóse la mar e erguyéronse las ondas e ferieron en la nave asý   que·l aballaron anbas las cuestas e que las plegaduras (ˆan-
bas) todas fueron floxas. E la mar que primero era ygual fue llena de
montes e de valles, e las ondas engrosaron e fezieron cuestas e valles.
E todos dieron bozes, "Ayoz, ayoz." El día começo a escureçer e tor-
varse e el ayre a espesar; ora semejava que menguava. E el maestre
fue muy espantado quando vio todos los quatro vientos conbatirse enel
ayre e en la mar e vio truenos e turvones fazer. Entonçe desanparó la
nave de llano e dexóla yr a la ventura e la nave andó en balax   por
las ondas e las ondas la trayan como pelota: una ora la ponía en las
nuves, otra en los avismos. E Terfes dixo, "Cala, cala." E los quatro vientos ferieron tan derrezio que quebrantaron las cuerdas e la
vela en çient pedaços, e el mastel quebró. E los de la nave fueron
(fol. 42c) en grant coyta, e llamaron "Dios" e "Santa María" e rro-

garon a Sant Nicolás que rrogase a Dios que les amansase aquellos
bravos vyentos que los asý guerreavan, que tan grant poder han en esta mar. Dixieron, "A ellos non faze mal su guerra, ante an ý sabor,
mas confondennos, e por el su sabor serémosnos destroydos e asý ca-
tyvos nos conpraremos este sabor. Ay Dios, Señor, fazed folgar estos
vientos que nos tienen en coyta de muerte e fazed que non moramos e
poned nuestra nave en salvo e apagad la saña destos vientos, sy vos
ploguier, ca asaz fezieron fasta agora su poder." Asý llamavan Dios
e los santos, mas con todo esto duróles la tormenta tres días tan
grande e tan desmesurada que non sabían do eran, nin comieron nin be-
vieron. Al quarto día quando llegó la mañana e fue el día esclareçi-
do, la mar amansó e todos los vientos tomaron treguas, mas un viento
manso fincó sólo que alinpio el çielo. Ora se puede alegrar Terfes
sy sopiese en qual derecho de tierra estava, ca eran en derecho de
una tierra estraña a que llamava el rrey, que la sabía, Solasange.
"Maestre," dixo él, "¿do somos? ¿Conosçédesvos esta insola?"
"Señor, sý," dixo él, "mas aquí ay una costunbre: sy vos aquí queredes aportar, vos aquí venderedes más caro que (fol. 42d) en otro
lugar, mas ante lo conpraredes muy bien, ca tanto que llegarmos 33 al
puerto luego el señor entrará en la nave e fillará asý de las donas
como del aver quanto quesier de lo que se pagar. Desý entrará su mugier e fará otrossý, desý el senescal. Esto farán ellos a quienquier
que·l pese o que·l prega, e este es costunbre malo. Desý los mercadores venderán lo mas caro que podieren, e jamás non fallarán quien

les faga fuerça nin pesar." E el rrey dixo, "Ya por aver non dexemos
de aportar." Entonçe tomaron los marineros la nave e llegáronla a un
castiello que ỹ avía. E los del castiello enbiaron un ome a la nave
preguntar si era de mercaderos de Galvoya, e el ome sse tornó luego
para el castiello, e dixo, "Ora toste, non vos detengades, ca mercadores
son enel puerto." Aquí non ovo otra detenençia synón que cavalgó la
dueña que ya non avía marido e su senescal con ella. E fueron a la
nave por demandar el costunbre que ỹ avía asỹ como solían. Quando la
dueña llegó e le el rrey vio, salió toste contra ella mas non le plo-
gó de que la non pudo ver a ssu guisa, ca ella traỹa el rrostro co-
bierto, pero saluóla e díxole, "Dueña, bien seades venida. Deçendet
ca bien (fol. 43a) sé yo lo que demandades e bien sé la costunbre del
puerto, que de las rricas merchandías que ỹ venieren avedes vos a tomar lo que quesierdes, e plazerme ỹa a mí mucho de las traer tales de
que vos pagasedes." "Amigo," dixo ella, "conviene que vea lo que
traedes, e desque vea todo vuestro aver, entonçe tomaré aquello de
que me más pagar."

34

VIII

Quando la dueña entró enla nave e vio el rrey, el corasçón le començó
a tremer porque oyera ya dezir que era bivo el rrey e que lo vieran
muchos. E el rrey le fizo mostrar las más rricas merchandías e las
mejores que traỹan: paños tintos e paños de seda a fojas ofreses,

tablas de plata, axedrez de oro. Mas con todo esto, ella metía mientes enel cuerno e enel rrey e ningunt aver non preçiava tanto. E nunca podía partir los ojos quando del rrey, quando del cuerno. E llegóse al mastel e tomó el cuerno, que non veýa al de que se tanto pagase, e besólo e fizo conél grant alegría. E desque lo cató una grant pieça, tornólo a su logar e callóse e tornóse contra el rrey. E tovo que avía fecha buena carrera e asentóse cabo dél leda, e católe todas las manos, e viole tener en uno de los dedos un anillo que fuera della que aun él traýa por su amor, (fol. 43b) ca el día que se desterró, olvidósele e levólo liado en una çinta de seda. Quando la dueña vio el anillo conosçiólo muy bien, e dixo, "Amigo señor, non veo aquí cosa de que me yo pague synón dese anillo que tenedes, e dátmelo, e por tanto seredes quitos de costunbre." "Ay señora," dixo el rrey, "por Dios, non lo digades, ca non querríamos nos que vos quitasedes de nos por tan poco, ca en esta nave anda tan grant aver de que bien poderedes aver çient marcos. E esto poderedes tomar sy quesierdes, ca el anillo non vos valdría nada ca entre el anillo e la piedra non valen más de una onça de oro. Pero para la fe que vos devo, ámolo mucho, ca toda mi vida es en mi dedo. Ca sy me vos quitades este anillo que trayo, asý me poderíades matar." "Ya señor mercador, callad. Vos fuestes aquí bien aportado que por un tal anillo vos yo lo quiero tomar que por derecho non melo podedes toller, nin escati-
35
ma   non vos fago de ninguna cosa pues tan poco tomo de vos, e mi follía es que yo tan pobre canbio fago. Pues que la costunbre es tal

que cosa non me podedes defender que yo de vos quiera tomar, de más
tan poco aver como éste." E el rrey que a su grado non faría syn rrazón dixo, "Porende esto non es seso que non tomades al que vos valga
más. Mas pues (fol. 43c) el anillo queredes, tomaldo. E sabed que
vos dó muy grant don e que lo saco de mi corasçón muy syn mi grado ca
en mi dedo non lo tenía. Yo ora vos di mi vida.³⁶ E quiera Dios que
nos fallemos ende bien, vos e yo." E la dueña gelo gradesçió mucho e
tomó el anillo e metiólo en su dedo, e dixo, "Amigo, por gualardón
deste anillo, posaredes comigo vos e toda vuestra conpaña ca yo asý
quiero, e asý vos lo rruego." E el rrey gelo gradesçió mucho. Mas
quantos conella fueron, toviérongelo por sandez por un anillo dexar
valía de çient marcos. Mas el senescal non quiso dexar cosa de su
derecho ante tomó de quanto ý falló de lo mejor. La dueña se fue para
su castiello e levó consigo el rrey e toda su conpaña e fézolos servir muy bien e a grant onrra. Mas mucho avía el rrey grant sabor de
le ver el rrostro. E ella mandó poner las mesas e asentóse a ellas e
descobrió el rrostro que avía muy fermoso, e diéronle agua a las manos que avía muy blancas e muy fermosas, e el rrey le fue tener las
mangas e ella dixo en rreyendo, "Mucho ha en vos rrico serviente para
servir tan pobre dueña (fol. 43d) como yo só, nin yo non valo nin
puedo tanto que vos lo pueda gradeçer. Ora señor mercador, lavadvos
asý seguramente como sy llegasedes a lugar o cuydásedes que vos deseavan ver." Entonçe laváronse e asantáronse a las mesas, e la dueña
fizo ser su huespede cabo sý a par e comieron anbos. E él cató a

ella e ella a él asÿ que él conosçió que aquélla era su mugier, e
syn falla aquélla era, pero mucho se encobrieron uno de otro, e fablaron en al que non en aquello que tenían en los corasçones. E en
esto el rrey, que solía aver grant sabor de caça, vio pasar canes por
ante sÿ e començó a cuydar e cayó en tan grant pensar que se adormeçió, e estando asÿ soñó que andava en la floresta e fallava ÿ un çiervo que tenía quinze rramos en los cuernos, e corría conél con sus
canes. E de como estava olvidado, dava bozes a los canes a cada uno
por su nonbre, "Tómalo, tómalo, ca se va el çiervo." E todos los
que ÿ seÿan, se rreÿan dello e fezieron dél escarnio e dixieron,
"Sandío es este mercador." Mas la dueña a quien tañía más, tirólo a
sÿ muy paso. E él acordó asÿ como sy dormiese e echóle los braços al
cuello, asÿ como a la cosa del mundo que más amava, e díxole sabrosamente, "¿Por qué dávades agora tales bozes?" E él le dixo, (fol. 44a)
"Porque me semejava que andava a caça e fallava un çiervo mayor que
nunca vy e cuydávalo tomar." La dueña era sesuda e buena e non tovo
por mal lo que le su marido dezía, e començólo a abraçar. E las gentes que non sabían cosa de su fazienda e toviéronla ende por sandía,
mas ella avía sabor de le fazer todo su plazer, e díxole, "Señor, sy
vos yo guisar que vades a caçar, gradesçérmelo hedes." "Sÿ," dixo él,
"ca non he tan grant sabor de al ca xxiiii años ha que sienpre sofrÿ
enojo e mala ventura." "Yo vos juro," dixo ella, "par Sant Paulo que
ante que la noche sea, veredes venir vuestro sueño, e yo mesma vos
faré ÿ conpaña." Entonçe fezo meter los canes en las trayllas e ca-

çadores. E todos fueron guisados de mover e fuéronse a una floresta
do fallaron el çiervo de los quinze rramos e soltaron los canes. E
dexáronse yr en pos él dando vozes e tañiendo cuernos e fuyendo el
çiervo e latiendo los canes e rreteñiendo los montes e los valles. E
la dueña ovo su rrazón conel rrey e contóle toda su fazienda e él a
ella la suya, e anbos por el grant amor que se (fol. 44b) avían, lloravan de plazer e de piadat. E díxole ella, "Señor, un rrey ay aquí
mi vezino que me quiere por mugier e porque lo non quis, mandóme des-
afiar e aun la guerra dura muy fuerte. E sabedes por qué vos lo digo:
sy el çiervo fuer contra aquella parte e pasar una agua que parte esta
floresta, conséjovos e rruégovos que non pasades allá, ca son y vuestros enemigos." E el rrey dixo que asý lo faría e la rreyna le dixo,
"Ora vos yd caçar e yré en pos vos mi paso."

IX

Entonçe se partió el rrey della e echó su cuerno a cuestas. E enten-
dió que los canes yvan en pos el çiervo e el çiervo, con coyta de los
canes que yvan en pos él, dexóse correr contra el rrío. E los caça-
dores fincaron. E el rrey se fue en pos los canes que pasaran ya
el agua, e porque le falleçió el castigo de la rreyna, pasó en pos el
çiervo. E los canes lo coitaron tan bien que lo çercaron enderredor,
e los unos le travaron de los narizes e los otros por los braços e

los otros por las piernas, e dieron conél en tierra. E el rrey tañió
de priesa ³⁷ bien tres vezes, e dos cavalleros que se (fol. 44c) andavan por la floresta que desamavan la rreyna, oyeron el son del
cuerno, e fueron para allá quanto más pudieron, e avían sabor de matar o de prender ome que diesen a ssu señor. E quando el rrey lo vio
venir, nenbróle que pasara el mandado de la rreyna. E uno tiró la
espada de la vayna e el otro enbraçó el escudo e tomó la lança e amen-
azáronlo e desafiáronlo e dixieron, "Cavallero, ¿por cuyo mandado
osastes caçar acá dentro?" E el rrey que estava a pie non los osó a-
tender a golpe e fuyó contra un arbol por se defender allý. E levó
su cavallo consigo e fizo del carvallo escudo. E ellos dixieron, "Cavallero, mucho viviestes sy toste vos non rrendides preso, ca vos non
poderedes defender contra nós, e conviene que morades o que vengades
a merçet." E él que vio su muerte ante sus ojos dixo, "Señores, non
quiero ca sabed que sy me matásedes muy toste vos podríades fallar
mal." "Ay, don cavallero, ¿en quál guisa? Esto es menaza, pues amen-
azades, non vos valdrá nada vuestro rruego." Después dixo el uno al
otro, "Fer que jamás non averá merçet de nós pues que nos amenazó.
Después su muerte fágame, después que lo yo matar quanto mal (fol.
44d) podier." Entonçe se dexaron anbos yr a él, e el rrey que ovo
miedo dellos, metió entre ellos e sý el arbol, e dixo, "Par Dios,
señores, mal fecho queredes fazer en matar un rrey." "Rrey," dixieron ellos. "Rrey syn falla," dixo él, "Rrey de Ynglaterra."
"Pues," dixieron ellos, "¿qué veniestes aquí demandar o qué aventura

vos ỹ troxo?" "Yo vos lo diré," dixo él. E ellos por sabor de oyr

el aventura deçieron a pie conél. Entonçe les començó el rrey a con-

tar con muchas larrimas como fuera esterrado e como le tomaron su mu-

gier e como perdiera sus fijos anbos e todo quanto le aveniera. "A-

gora, señores," dixo él, "aved de mí merçet ca toda la verdat vos he

contada." Uno dellos dixo, "Señor, sy Dios me ayude, dígovos que nun-

ca conoscỹ mi padre mas a la merçet de Dios agora lo conosco ca syn

falla vos sodes mio padre e yo só vuestro fijo ca el padre que me

crió me dixo por saña que me tomó a un lobo e díxome el logar do e

que me fallara enbuelto en una falda de una garnacha, asỹ como agora

vos contastes, e mostrarvos he el paño. Entonçe ³⁸ sabredes la verdat

sy só vuestro fijo o sy non. E por el lobo a que me tomaron he nonbre

Lobel." E el otro de quanto oyó, fue maravillosamente ledo e dixo

que nunca tal maravilla aveniera a ome. "Bendito sea Dios que me aquí

troxo. Agora sé yo lo que ante non (fol. 45a) sabía, que yo e mi her-

mano bivíamos de [??] ³⁹ e non nos conosçíamos. Ssyn falla nós somos

hermanos e vos sodes nuestro padre ca yo so él que fuy fallado enel

batel e desto ssabredes la verdat quando vos mostrar el pedaço del

paño en me fallaron enbuelto quando me levaron." "Así ha menester,"

dixo el rrey, "que me amostredes las faldas en que fuestes fallados."

Dixieron ellos, "Vamos e amostrar-vos-las-hemos." Dixo el rrey,

"Vamos, mas ante desfagamos nuestro çiervo." "Fagamos," dixieron

ellos. Estonçe lo desfezieron. Desỹ fuéronse a la posada e mostraron

al rrey los pedaços de la garnacha que le prometieron mostrar. Tanto

que las el rrey vio luego las conosçió, e dixo, "Verdaderamente ora
sé que sodes mis fijos." E su padre ovo con ellos muy grant plazer e
grant alegría e los fijos conél; esto non es de demandar. El padre
abraçó e besó sus fijos por muchas vezes e non sabía qué fazer con
ellos de alegría e catávalos de alegría una pieça e después tornávalos
abraçar e besar. E tanto fezieron grant alegría que el huespede dixo,
"Bolsa avedes fallada." "Verdat dezides," dixo Lobel, "ca nós falla-
mos huesped nuevo en vuestra casa que nós devíamos mucho onrrar e ser
muy ledos, e sabed que es (fol. 45b) Rrey e señor de Ynglaterra. Ora
vos rruego que le vayades dezir a nuestro señor el Rrey de Catanassa
que averá ende muy grant plazer, e fazerle ha mucha onrra e venirlo
ha ver a vuestra casa." E él non quiso tardar mucho, e fuese luego al
rrey e contóle las nuevas. E el rrey, que lo tovo por grant maravilla,
fuese a su casa, e tanto que Lobel e Marýn lo vieron, tomaron a su
padre por las manos e mostrárongelo. Desý contaronle todas la aven-
turas por qué pasara[n] que cosa non fincó por contar, e mostráronle
los dos pedaços de la garnacha por señal. E el rrey se santiguó de
las maravillas que oyó e dixo, "Syn falla ésta es la verdat conosçida.
Mucho fallastes fermosa ventura e devedes ende ser muy ledos e gra-
desçerlo mucho a Dios, e bien vos digo que ante que yo de vuestro linaje cosa sopiese, vy en vos tanta bondat e tanta lealtad e tan grant
ardimiento que vos quesiera fazer cavalleros, ca mucho me serviestes
en mi guerra contra aquella dueña sandía e cativa, que jamás non averá
comigo paz fasta que me tome por marido o me dé su tierra." El Rrey

Guillelme rrespondió, "Esto quiero yo meter en vuestra mano ca yo vos

la traeré aquí de mañana syn otra pleitesía. E sy sus fijos vos ayu-

daron contra ella fezieron derecho, ca los criastes, mas non lo fe-

zieran (fol. 45c) si su madre conosçiesen ca malamente yerra quien to-

ma guerra contra su madre o que le faz pesar e que la asaña. Contra

éste se asaña Dios e el mundo lo desama, mas tal lo faz que lo non

conosçían e servieron a vos que erades su señor e destruyeron e que-

maron la tierra de su madre. E asý en un meesmo serviçio eran leales

e desleales e fazían bien e mal, mas non deven ser por ende culpados

ca lo uno o lo otro les convenía fazer."

X

Quando Lobel e Marýn esto oyeron, maravilláronse e alinpiaron sus o-

jos ca mucho lloravan de alegría, e dixieron, "Mucho nos tarda el día

que avemos de ver a nuestra madre, e le pidamos merçet de quanto le

erramos. Mas con todo esto non devemos olvidar los mercaderos que

nos criaron nin el bien que nos fezieron, e ningunt debdo non avían

conusco por qué, e derecho es que los veamos sy quier que sepan lo

que fallaron e quien denostaron, e que ayan de nós del bien que nos

fezieron gualardón, ssy Dios a tienpo nos llega." Asý fablaron de

unas cosas e de otras grant pieça de la noche. E el Rrey de Catanassa

mandó muy toste fazer muy bien de comer. Mas a-(fol. 45d)gora vos quiero tornar a la rreyna que fazía tan grant duelo que muriera a su

grado. Dixo, "Cativa malaventurada, ¡qué poco me duró el grant pla-

zer de mi señor! E el mi grant plazer faz ser mayor mi duelo ca el

muy grant plazer que yo perdý me faz esforçar e cresçer mi pesar.

Mas convien que me esfuerçe de guerrear bien mis enemigos que a mi

señor mataron o prendieron." Desý dixo a su conpaña, "Ora toste, ora

toste, ora toste fagamos hueste sobrellos. Guysadvos de mañana que

non finque ninguno a pie nin a cavallo, como seades al vado de Ban-

dona." E fizo dar desto su plegón e asý como ella mandó, asý fue. A

ora de prima, fueron todos al vado e la rreyna fue ý delante e de

allý se començaron a yr, mas al les aveno que non lo que cuydaron,

que non andaron mucho que non toparon conel Rrey Guyllelme e con sus

fijos. E la rreyna, que ýa delante tanto se llegó que conosçió el

rrey, tornóse con él, e fizo sus gentes estar, mas el rrey non ovo

sabor de fincar e dixo a la rreyna, "Dueña, bien seades vos venida."

E ella dixo, "Tan buen día convusco e bendito sea Dios que vos acá

troxo. Ora me dezit: ¿sodes preso o quito o sy demandan algunt aver

por vos? Ca yo guisada vengo de lo pagar sy su gente quier atender

la mia." E el rrey se tomó a rreyr de lo que le oyó e sus fijos o-

trosý e el Rrey de (fol. 46a) Catanassa que yva con él. E el Rrey

Guyllelme dixo, "Amiga, ¿non sabedes lo que fallé en esta carrera?

Çertas, yo fallé en este lugar anoche la mi alegría e la vuestra. En

buen punto venimos a la caça del çiervo e en buen punto fue toma(^a)-

do e en buen punto fue muerto. Evad aquí el Rrey de Catanasa con to-

das sus gent_es qu_e bie_n a la vu_estra mer_çet. Mas estos dos, ¿sabedes
qui_én son?" "Señor, s_ỹ," dixo ella. "Estos son Lobel _e Mar_ỹn qu_e en
mal pun_to por mí nasçieron. Estos me an muerta _e confondida, estos
me an tanto mal fecho qu_e fuera del muro o de carcava non me dexaron
valía de çinco soldos, estos fuero_n los pr_imeros qu_e me demandaron de
casamien_to de su señor, estos fueron desafiadores, estos me mataro_n
los om_es, estos fezieron la guerra toda, estos rrobaron _e quemaron _e
astragaron la ti_erra, estos feziero_n lo más de mi mal, estos me fe-
ziero_n aver tanta saña _e tanto pesar qu_e yo s_é bien qu_e estos son los
más mortales enemigos qu_e yo he." _E el rrey dixo, "Ante son vuestros
carnales amigos." _E ella dixo, "_E esto, ¿cómo podería ser?" "Ca son
nu_estros fijos," dixo él. "¿_E puede ser eso (fol. 46b) verdat?," dixo
ella. "Non _ỹ duldedes," dixo el rrey. Quando la rreyna esta maravilla oyó, fuelos abraçar. _E de piadat asserrósele él corasçón qu_e
por una gran_t pieça no_n pudo fablar. _E ellos dixieron, "Señora, cons-
çemos nós qu_e vos erramos, mas per_donátnos ca lo non sabíamos." _E la
rreyna dixo, "Ligero es este per_dón. Bie_n vos devo per_donar ca vos me
quer_íades dar mayor onrra qu_e yo avía." _E el Rrey de Catanasa dixo,
"Dueña, yo no s_é sy vos err_é, mas ningunt desamor no_n entien_do yo
aquí. En vos yo qu_erer fazer rreyna, mas desto avía despecho qu_e me
dezían _e yo cuydava qu_e vos erades más baxa dueña ca no_n cuydava qu_e
erades de linaje de rreys. Ora vos pido (^por) mer_çet." "Señor rrey,"
dixo ella, "yo vos lo agradesco mucho, _e por esta mer_çet qu_e me pedi-
des, per_dónovos _e dóvos Sorlyna de (de) qu_e fuy yo señora grant tienpo,

pero esto fago yo todavía sy plogier a mi señor el rrey." "Prazme,"

dixo el rrey, "e téngolo por bien, pero que me semeja poco."

"Señor," dixo ella, "yo dógela." Entonçe gela dio, e él la rresçe-

bió. E luego sin otra detenençia se partieron d'ally mucho amigos e

mucho bien avenidos e fezieron grant plazer fasta en Sorlina. E allý

se espedieron della (fol. 46c) los de Catanassa.

XI

Lobel e Marýn, que se non olvidaron de la criança de los mercadores,

enviaron por ellos e andáronlos buscando tanto que los fallaron e

pesávales mucho porque tanto tardavan, ca mucho deseavan seer con sus

señores en Londres e en Guynçestre o en Nicola do cuydavan que ya el

rrey tenía su corte. E desque los mercadores oyeron mandado de sus

criados, fuéronse con sus mandaderos e andaron tanto fasta que lle-

garon a un castillo que avía nonbre Sorlyna do aun era el rrey e

tenía ý corte grande e buena. E la alegría que fezieron con los mer-

cadores fue muy grande, ca Lobel e Marýn salieron contra ellos e tra-

bajáronse de les fazer onrra lo más que pudieron e leváronlos antel

rrey, e Lobel contó ante todos su fazienda que de la contar non ovo

vergüença. "Señores," dixo él, "destos omes buenos que aquí vedes

fumos nós sanos e salvos ca este uno me libró del lobo e crióme en

su casa, e este otro falló a Marýn enel batel e criólo muy bien otro-

sí, e jamás contra nós non ovieron pan so llave. E sy Dios quesier,
ellos (fol. 46d) ende averán buen gualardón, e quien lo amar e onrrar,
aquel ternemos por amigo." Mas la rreyna quando esto sopo, tarde le
fue de enbiar por ellos ca mucho deseava fazerles onrra e plazer. E
ella quando los vio, saluólos e rresçebiólos muy bien, e fizolos muy
rricamente bestir, e ellos fueron ende pagados e ledos. E quando
vieron los paños tan rricos, dixieron que los darían por dineros. E
la rreyna se rreyó e en rreyendo díxoles, "Amigos, non vos cuytedes
ca yo quiero que vistades estos paños por tal pleito que vos dé yo de
tales muy a menudo, e esto vos prometo yo bien. E en cosa non vos
falleçerá jamás que lo non ayades syn detenençia nin jamás (^es) non
yredes a ferias en toda vuestra vida, ca a vos e a todo vuestro linaje quiero yo fazer rricos ca derecho es que lo faga ca por Dios, don
Groçelýn e don Frochel, mucho vos amo de corasçón." "Sseñora," dixieron ellos, "non nos tengades por sandíos ca, par Dios, si estos
paños fuesen nuestros, nós faríamos (^os) dellos nuestra pro, mas tomar non vos los queremos, pues que los non avemos a vender." E la
rreyna era muy cortés e dixo que le non pesava al de menos por se
rreyr de los villanos. E pensó que ge los conpraría e que gelos daría
(fol. 47a) después, e díxoles, "Amigos, ora me vendet estos paños e
después vestidlos, que asý quiero yo." E ellos dixieron, "Tomarlos
queremos e vestirlos, mas vos pagaredes por ellos treynta marcos, non
menos." "Plazme," dixo ella, "que bien los valen e sed ende seguros
de mí." "A buena ventura," dixieron ellos. "E atendervos hemos aun

ocho o quinze días sy quesierdes." E entonçe vistieron ellos los
rricos paños, mas su donayre era tan vil e tan mal se vistían dellos
que semejava que los trayan emprestados de otri. Mucho estovieron
allý los mercaderos muy viçiosos.

XII

El Rrey de Ynglaterra e el Rrey de Catanassa eran anbos en Sorlina.
E a cabo de veynte días fue la tierra rrendida al Rrey Guillelme, e
las naves e los mandaderos fueron enel puerto e Terfes en su nave,
mas ante que él d'allí moviese, enbió buscar su burgés para lo levar
consigo a Inglaterra. E sabed que el rrey tenía consigo los fijos del
burgés e prometióles que les daría castiellos e villas. (fol. 47b)
Entonçe pasaron la mar mucho en paz. ¡Ay Dios, tanto bien fazes a
quien quieres e como [es] desanparado él que Tú desanparas! Quanto enojo estos sofrieron, agora an mucha alegría e mucho plazer. E en esto fuéronse llegando a la paña donde era la cueva en que la rreyna
oviera sus fijos e aportaron ý. E el rrey tomó el Rrey de Catanasa
por la mano e levó consigo la rreyna e sus fijos e don Frochel e don
Gloçelín e los fijos del burgés e díxoles, "Vedes aquí el lecho e la
cámara do la rreyna ovo sus fijos e vedes aquí el logar por do yo
corrý en pos el lobo quando levó Lobel; vedes allý do me adormeçý yo
quando cansé; vedes en aquel logar estava el batel do yo eché Marýn.

Ora he tan grant sabor de rretraer el enojo que aquí prendý, que non
me partiré deste lugar fasta que venga mi sobrino que agora es tenudo
por rrey." Entonçe posaron allý e las nuevas ende fueron por toda la
tierra. En diziendo esto salió de la cueva a un llano pequeñuelo que
avía ante ella, e estando allý començóles a dezir, "Quán maravillosos
eran los fechos de Dios e cómo sabía castigar asperamente a los que
amava e cómo avía merçet dellos." E amostrávales la mugier e los fijos como (fol. 47c) los cobrara e los tenía consigo, asý que ninguna
cosa non le falleçía, e aun anbas las faldas de la garnacha en que
los enbolviera. E aun le feziera Dios otra merçet, que el cuerno suyo
que le tomaran de so el lecho quando se él fuera con que solía yr a
monte, que lo avía ya cobrado. Asý que non quesiera Dios que de lo
suyo ninguna cosa menguase synón una bolsa que·l diera un mercador
quando lo viera asý desanparado que perdiera la mugier e los fijos e
todo quanto avía. E aquella bolsa era de cuero vermejo e avía en ella
çinco marcos de oro, e porque la non quesiera tomar que la atara el
mercador de un rramo de un árbol e el moviérase d'allý. E andando con
coita como sandío por la mugier e por los fijos que perdiera, menbró-
sele de la bolsa que el mercador le quesiera dar, e tornóse por yr
tomarla, e do tendió la mano por tomarla, dexóse venir una aguila a él
porque cuydo que era carne e diole de las alas enel rrostro muy grant
ferida, de guisa que dio con él en tierra e levó la bolsa porque le
ninguna cosa conél fincase synón aquello que le él diese por su merçet. E él esto deziendo al Rrey de Catanassa e a su mugier e a sus

fijos e a todos los otros que esta-(fol. 47d)van ỹ conél, oyeron suso
enel ayre dar grandes bozes a dos aguylas cobdales. E cataron contra
do lo oỹan e vieron como travavan una con otra muy de rrezio, e tan
fieramente trabaron desỹ que se abaxaron muy çerca de tierra bien sobre
do ellos estavan. E el travar que fazían era sobre aquella bolsa mesma quel mercador diera al rrey, que una aguila traỹa, e cuydando que
era de comer por la color que avía vermeja e la otra cuydando eso mesmo veniera porque la toller. E en travándose así una contra otra
quando se abaxaron, cayó la bolsa ante los pies del rrey, e el rrey la
tomó luego e conosçióla e falló en ella los çinco marcos d'oro. E mo-
stróla a todos e dieron por ende loores a Dios porque tovieron, que
era uno de los miragles mayores del mundo. E el rrey dixo entonçe,
"Ora ved quan maña es la piadat de Dios que solamente non quiso que yo
esta bolsa perdiese." E entonçe posaron ỹ porque eran çerca de la mar
e porque avía ỹ buena posada. E sy ante rresçebiera ỹ mucho enojo e
mucho pesar, ora ỹ rresçebía mucho sabor e mucho plazer. E las nuevas
desto fueron por toda la tierra. E su sobrino veno e diole la corona
e el rregno. Entonçe se fueron a (fol. 48a) Londres a muy grant alegría, e fueron ỹ rresçebidos maravillosamente.

XIII

El rrey estovo en Londres fasta que veno su burgés de Galvoya. E man-

dó a sus gent_es qu_e todos _e todas le feziesen mucha onrra _e mucho amor,
_e ellos as$\tilde{y}$ lo fezieron. _El rrey, qu_e lo devía fazer sobr_e todos los
otros, amólo _e pre_çiólo mucho _e fézolo muy su pr_ivado _e de ssu consejo,
_e fizo los fijos anbos cavall_eros _e casó uno dellos con fija de un du-
qu_e, _e el ot_ro con fija de una conde, _e dioles ti_erras. _E fizo su rre-
postero el niño qu_el cuerno le vendiera en la feria de Bretol _e qu_e
par_tiera los din_eros ant_él a pobres, _e casólo muy rricament_e as$\tilde{y}$ qu_e
podía aver de cada año çient marcos de rrenta. _E a los mercador_es puso en [^su] tierra mill marcos de rrenta cada año. _E esta es la çima
desta estoria; yo non_ sé más ca más non_ ha. Aquí se feneçe la estoria _e el cue_nto del Rrey Gu_illelme de Inglaterra.

NOTES

Abbreviations used:

K   Hermann Knust's edition of El Rey Guillelme in Dos obras didác-
     ticas y dos leyendas (Madrid, 1878).

* * * * * * * * * *

1. The MS shows a sigma. K interprets the sigma as s while it clearly
    has the phonemic value of [z]. Such is K's tendency, and other
    cases will receive no comment.

2. MS supplies the cedilla, while K disregards it.

3. The MS construction of this parallel series is in lower case let-
    ters, and only uses an upper case here when changing the focus to
    Guillelme's wife. Thus, our parallel structure separating the
    elements with a semi-colon, rather than creating discrete sentences
    for each item as K does, better captures the sense of parallelism
    which the scribe apparently understood and meant to communicate.

4. MS le. K amends to la.

5. K enpecer.

6. MS pregol. K transcribes pregol as well.

7. K voslo.

8. Clearly, this is the form in the MS. However, it has the exple-
    tive value, in context, of the frequent çertas.

9. K "¿Qué? Cosa non vos fallecia fuera yo." This reading is sure-
    ly wrong because of the environment for these remarks. The
    Queen is pleading with him to take her with him. His entire king-
    dom is coming down around him, and he should at least recognize
    that she is the only constant element in a changing world.

10. MS conçeio.

11. MS lunara. K luna.

12. MS torvase. K amends to tornase.

13. K reads this as follows: "¿Qué uos diremos de la fama que viene toste e fiso saber del rrey que era salido de su tierra?"

14. K otro.

15. K reads this as follows: "yo so escarnido quando me uos osades mentir." The context requires that a cause and effect relationship obtain between the perceived lie and the threat that Guillelme will receive some punishment for it.

16. K podrá.

17. K cansancio.

18. K criados. The sense is that the joy of these men is over the babies being found at the same time, and not that they would be raised together. K's misreading of the MS is understandable, however, because of the similarity of c and t.

19. K amends to read desayunaste while recognizing in a note that the MS gives desviaste.

20. K veno.

21. K nonbradía.

22. K ereso.

23. MS gañar

24. K pellicero.

25. MS semaña.

26. MS coñosçido.

27. MS coñosçido.

28. MS coñosco.

29. K also uses this hyphenated form, but for the first time, even though he had many previous opportunities to do so.

30. K _sería_.

31. K omitted this completely.

32. K amends to _balance_.

33. K amends to _llegar[e]mos_, showing his customary lack of awareness of the western features of the language of the codex.

34. K _paguer'_.

35. K _escatimo_.

36. K reads this as follows: "ca en mi dedo no lo tenía yo, ora uos dí mi vida."

37. K _presa_.

38. K E _entonçe_.

39. K _consuno_. The MS is completely illegible here. K may have known the MS in a better condition than it is now.

TABLE OF CONTENTS

EXETER HISPANIC TEXTS 1985

Subscriptions are invited for the fourteenth
series of the Texts, which will be:

XL

   Pedro de Sayago, *Batalla de la Muerte* (1558),
   edición de Víctor Infantes. ISBN 0 85989 271 9.

XLI

   Avisos a un cortesano: An Anthology of
   Seventeenth-Century Moral-Political Poetry,
   edited by Trevor J. Dadson. ISBN 0 85989 276 X.

XLII

   Antonio Enríquez Gómez, *Los siete planetas*,
   edited by Constance H. Rose and T. Oelman.
   ISBN 0 85989 281 6.

The subscription rate for the series is £5.00
including postage (air-mail rates extra);
single copies are £2.00 each. Orders and cheques,
payable to the University of Exeter, should be
addressed to The Publications Office, University
of Exeter, Northcote House, The Queen's Drive,
Exeter EX4 4QJ.